I0430181

SOMMAIRE

AVANT-PROPOS

Le titre de cet ouvrage aurait pu être « le cycliste économiste ». En effet, tout ce qu'il fait en appuyant sur les pédales, et le fait avancer en faisant tourner les roues, la monnaie le fait en circulant sur les marchés. Elle fait avancer la production et permet de satisfaire les besoins essentiels humains. L'argent, cette invention extraordinaire qui marque la valeur des biens, né il y a environ 800 ans avant J.C a permis de rechercher, transporter et utiliser les biens produits par l'énergie solaire, nécessaire à la vie de l'homme, en multipliant sa puissance nourricière. On apprend rarement dans les cours d'Economie, quel qu'en soit le niveau, que le monétarisme est la base de l'activité économique, c'est-à-dire l'Economie réelle. L'objectif de ce livre est de montrer comment la dynamique de la monnaie, a fait progresser la société humaine par un effet circulaire comme le cycliste progresse grâce à la roue qui, elle, avait été inventée bien avant. Pour comprendre la macroéconomie, celle de tout pays moderne, il n'est pas besoin de statistiques ni de formules mathématiques abstraites. Comment l'homme après l'extraordinaire invention de la charrue, qui utilisait donc déjà la roue, a pu, en très peu de temps, croître et prospérer jusqu'à compter de nos jours environ 7 milliards d'individus, ceci malgré tous les obstacles rencontrés sur son chemin ? C'était grâce à sa force, la même qui fait avancer le cycliste. On parvient de nos jours, à s'en affranchir de plus en plus, alors que c'est le système de base nécessaire pour « faire tourner la machine ». Le travail humain, qui reste nécessaire à toute production, matérielle est transmis à la machine depuis l'invention du moteur et, sous sa forme immatérielle, à l'ordinateur depuis l'invention du langage numérique. Peut-on, doit-on, dans ces conditions donner des moyens d'existence à tous, alors que l'outil-monnaie, en devenu presque autonome, en diminuant toujours plus les efforts nécessaires à la production, nous entrainerait dans le mur ? L'analyse de la circulation des flux monétaires, construira un modèle qui aura donc pour ambition de démonter ce processus, avec un début de réponse. Les mesures préconisées, dans ce livre, seront susceptibles d'agir directement sur le marché productif matériel ou non, et, par contrecoup sur la croissance et le plein-emploi qu'il entraîne obligatoirement, à condition de réhabiliter le travail, c'est-à-dire à condition de réguler les forces pernicieuses qui s'y opposent.

Les fondamentaux du système économique

Comprendre l'économie c'est analyser le système de base qu'on vient de comparer à un instrument mécanique circulatoire, allant de la production à la consommation, et de la consommation à la production, dans un cycle permanent. Ce que confirme la capacité de l'homme d'inventer toujours de des outils pour survivre et vivre dans un environnement qui restera défavorable. Quand « l'homo erectus » est devenu homo sapiens-sapiens, il a conçu des outils de plus en plus perfectionnés, dont la charrue, pour améliorer le rendement de son travail, d'abord agricole. Ensuite, il a inventé la monnaie qui est la base de l'Economie, pour échanger à distance les surplus de sa production. Naissance des marchés. Comme tout outil, c'est un *système* intermédiaire, qui agit comme un levier pour parvenir à un résultat difficile ou impossible à obtenir directement.

Le monétarisme est le système de base de l'Economie qui nous guidera le long de cet ouvrage. Certains ont *entrepris* d'intervenir dans le processus de production-consommation, avec la préoccupation d'en augmenter le rendement et de tirer profit du *service* qu'ils rendaient en transportant les surplus de production à des producteurs-consommateurs différents. Naissance cette fois des entreprises et, par la suite, du capitalisme par accumulation de ces profits multipliés par la révolution industrielle au 19ème siècle. Le travail de « l'homo-aeconomicus » avec son double aspect, une promesse de richesse sous tendue par la progression de ces profits, mais liée à la production automatisée, son usurpation par des intermédiaires de plus en plus nombreux qui ont donc *entrepris* d'intervenir dans ce process. En particulier les banquiers qui aident à transporter l'argent qui transporte les biens qu'ils représentent. Autre usurpation, les prébendes, ces surplus du servage de l'époque féodale qui ont eu beau changé d'aspect avec la Révolution, n'ont pas changé le fond. L'aliénation du travail dans le monde de l'entreprise est l'usurpation des entrepreneurs, intermédiaires avisés, dénoncée par Marx. Elle s'est alliée à l'aliénation financière précédente.

Comprendre comment « ça marche » c'est comprendre comment fonctionnent les sous-systèmes issus du système monétaire principal. Cela suppose de s'informer sur le « comment » qui propulse le système cyclique production-consommation, avec toujours la force de travail. Il faut en effet, toujours créer de quoi satisfaire les deux besoins existentiels de l'homme sur terre : sa **nourriture** et sa **protection**, pris dans tous les sens de ces termes, sous toutes leurs formes matérielles ou non. La **communication (le transport physique et immatériel)**, est un système de symboles (langage et chiffres) qu'il a utilisé à ces fins, et qu'il utilise de plus en plus pour assurer les liaisons indispensables à la satisfaction de ces besoins. Il s'agit de s'informer sur les valeurs qui leur sont attachées et sur la façon de les échanger, c'est-à-dire avec la monnaie. On en déduira que l'Economie est un système d'informations, expression générique qui s'applique à tout processus engagé pour obtenir un produit, matériel ou non, afin d'en connaître la valeur, pour ensuite la modifier et le transmettre. On peut d'ailleurs extrapoler cette façon d'appréhender les choses à tout ce qui bouge, ou a bougé, c'est-à-dire à l'univers et à sa formation. Un système d'information rend compte de ce que les physiciens appellent l'entropie, s'agissant de la formation de l'univers, qui a dispersé les éléments, les particules élémentaires à partir de l'explosion initiale. Celles-ci se sont formées, agglomérés, en vecteurs transportant les éléments pour ensuite former les systèmes solaires dont la terre et la vie sur terre. On comprendra pourquoi dans les différents schémas de ce livre l'économie est présentée sous forme dynamique avec des flèches qui, pour l'homme, donnent sens, à sa vie en société. Ces valeurs dans notre cas sont établies par l'argent qui les numérise et donne ainsi des informations qui sont traitées, avec plus ou moins de bonheur pour l'ensemble de la société, comme on le voit sur la figure 1, par 4 acteurs dans des sous-systèmes différents, parfois opposés.

Sans être comptable, tout le monde sait pertinemment qu'une entreprise fait son bilan, en arrêtant les comptes à un moment donné. Ils arrêtent ainsi les « actifs circulants », ces variables, vecteurs dont on a parlé, qui ont **« produit »** des changements dans le **« système »** pendant un certain temps d'activité. Ce que contiennent ces actifs, sont donc les valeurs monétaires fléchées de la figure 1. L'ensemble de ces systèmes sont des marchés globalisés pour chaque pays, en partie ouverts vers l'extérieur, mais essentiellement internes Ces systèmes suivent, comme tout système la loi des

6

systèmes en mouvement, notamment en produisant des effets secondaires[1].

Le fonctionnement d'un système est perturbé par les autres systèmes auxquels il est lié. Particulièrement, si la production est de même type, il y a alors, dans un système libéral un antagonisme dans la production, appelé concurrence. Les systèmes de production concourent alors pour augmenter leur puissance en absorbant ceux qui sont plus faibles. Cette loi des marchés est identifiée sur le schéma 1 chiffrée dans la monnaie nationale, mais relayées par les 4 acteurs qui y sont décrits. Ils prenant chacun leur part à la circulation monétaire. Le premier responsable, est l'acheteur individuel, celui qui détermine la production nécessaire à satisfaire les besoins vitaux qu'on vient de décrire. Les 3 autres responsables prennent le relais en accentuant ou retardant la circulation monétaire, étant entendu que les actifs en circulation, peuvent être matériels ou immatériels (tels que les services).

Il faut d'insister ici, sur le fait que l'origine de la production fait système, dans un mouvement circulaire, le même que celui de l'individu-producteur-consommateur obtenait à ses débuts par son travail. La circulation des biens se faisait alors, sans l'argent. C'était l'époque du troc. Ce n'est qu'avec l'apparition de la monnaie, que les trois autres acteurs se sont

---

[1] Deuxième principe de thermo-dynamisme : il n'y pas de transformation complète d'un état à l'autre. D'où l'usure qui est un déviant ou effet secondaire.

rattachés au système, l'Etat, l'Entreprise, et la banque celle-ci ayant le rôle particulier de compléter la fabrication monétaire étatique. On reverra de plus près ce dernier rôle, dans le chapitre « Le rôle paradoxal de l'argent ». La macroéconomie sera vue sous l'angle de ce qui la fait fonctionner, la monnaie donc, en décrivant ses rôles bénéfiques ou maléfiques chaque fois que la masse monétaire passe dans ces 3 relais, la modifiant, avant de la transmettre après chaque traitement fait selon le propre intérêt de l'acteur-relais. Ce sont ces modifications qui sont intégrées dans la masse monétaire. Et c'est celle-ci, si elle augmente de façon significative, cela pourrait être le signe d'une augmentation de l'activité, elle-même génératrice de progrès, au moins matériel, telle que la modernisation des produits courants, ou durables. Celle-ci qui peut qualifier également le progrès humain immatériel, tel que la protection-santé. Du moins c'est l'argument principal utilisé par les entreprises et leur département de recherche et développement. Si cela été le modèle imité par la plupart des peuples, surtout depuis la fin du modèle de l'URSS, avec ce qu'on a appelé « l'american way of life », il montre ses limites avec la violence sociale qui l'accompagne si la distribution de ces « richesses » est inégale, ne profitant qu'à petite partie de la population.

Reste que sans un signe significatif de l'augmentation, chiffré par l'augmentation de la masse monétaire globale réelle, il ne peut y avoir de progrès réel[2]. Les économies en récession de nombreux pays actuellement, qui renforcent les inégalités en apportent la preuve[3].

L'Economie humaine

L'Economie, celle d'une entreprise comme celle d'un pays, ne peut toutefois se résumer à cette seule alliance, chiffrage, traduction de la valeur de la production et son traitement. L'ensemble de ces actions systémiques appelle certes la production, mais elles ne donneraient qu'une vision incomplète de l'économie à partir de la seule interprétation de son chiffrage. Portant en partie sur le passé, elle n'explique pas totalement le présent, encore moins peut-elle prédire l'avenir, puisqu'on doit arrêter tout processus descriptif pour pouvoir interpréter les résultats, qui, du moins à terme ne préjuge en rien l'avenir. Or ce qui caractérise la vie économique, c'est justement le mouvement, celui du travail et du transport permanent. L'étude de l'Economie dans cet ouvrage, sera donc bâtie à la fois sur son *système d'informations,* sur les valeurs qui la font fonctionner à l'origine, donc sur sa dynamique d'échanges, et sur le fait que c'est l'homme qui l'anime. C'est lui qui utilise cet argent qui, curieusement, comme on va le voir en détails, ne décrit pas la réalité, - bien que, conventionnellement, on la considère comme telle,

---

[2] En monnaie constante s'entend, ce qui donne le niveau du pouvoir d'achat moyen réel.
[3] Les « décroissants » n'en tiennent pas compte. Ceux qui refusent dogmatiquement le moindre risque inflationniste, font la même erreur.

- et, c'est le problème - mais une abstraction chiffrée qui la représente. On a vu que le travail qui est la réalité vécue, existait bien avant l'invention de la monnaie.

On interrogera directement les sources des systèmes, pour connaitre les objectifs qui ont déterminé leur création, et ainsi connaitre leur direction. Procédé inverse des économistes traditionnels qui analysent les résultats pour comprendre les décisions qui ont été prises à l'origine. Notre méthode d'analyse sera donc, à l'inverse, inductive, intuitive, et non, déductive comme font ces économistes orthodoxes. En partant des informations à la source[4], nous pourrons examiner « comment ça marche », comment fonctionne ce système « d'information » et pourquoi on a obtenu ces résultats. Que ce soient les individus qui agissent directement sur l'Economie[5] par leurs achats, ou les dirigeants responsables de la gestion de leur pays qui redirigent l'argent des mêmes individus, les choix des acteurs ne sont pas neutres. Ils orientent l'économie, d'où les flèches qui lui donnent sens – dans les deux sens du terme -, à la suite de décisions dont la validité ne peut être garantie à terme[6]. On obtient une image du système, un schéma, un modèle non définitif, mais qui peut tout de même permettre quelques corrections, à conditions de suivre les résultats en permanences.

---

[4] « Big data » en langage informatique
[5] D'où l'adage «acheter, ça fait marcher le commerce » qui décrit l'économie réelle avec le bon sens populaire.
[6] S'agit-il de profits accumulés ou distribués, d'investissements ?

On voit que l'ensemble de la société, formé d'individus consommateurs, est toujours manipulé par les autres acteurs, car si l'acheteur basique, la population, est relais, il ne transforme pas les valeurs qu'il reçoit. Il oriente certes son comportement, mais de façon inconsciente, par habitude sur le long terme, par culture. Cet acheteur est tributaire de ses besoins, mais n'étant plus producteur, il perd le pouvoir de diriger la production. Dans un monde libéral, où règne la concurrence, c'est la loi de l'offre plus que celle de la demande : il achète ce que les distributeurs lui présentent, ce qui existe plus ou moins transformé…dans l'intérêt du producteur à un prix que celui-ci a calculé.

On voit que c'est l'entreprise qui est le principal acteur. On comprend que les aides de l'Etat lui sont accordées en priorité, sachant qu'elle est dans l'ensemble pourvoyeuse d'emplois. D'où le chantage à l'emploi qui est l'arme souvent employée par les grandes entreprises pour obtenir ces aides. Le salarié qui est pourtant le producteur de base, est en même temps soumis en tant qu'acheteur, n'ayant comme arme de revendication que la grève. Où l'on voit que la technique financière qui consiste à éviter à tout prix l'inflation, freine certes les prix, mais en même temps la croissance, donc la production dans un cercle vicieux, difficile à rompre. Nous verrons plus en détail ce phénomène qui lie de façon malencontreuse les 3 acteurs du système monétaire, ce que le 4 e acteur, l'Etat, a pourtant les moyens de réguler. (v/ch. 7 5 Mystification de l'inflation)

En utilisant ainsi la méthode qui a cours en informatique, rechercher les données d'origine et les forces qui les propulsent- suivre leur parcours jusqu'aux résultats - il sera possible de proposer des modèles économiques qui pourraient permettre aux trois principaux responsables de choisir ce qu'ils pensent être le meilleur, en espérant que l'acteur s'il en a encore les moyens, l'Etat donc, veuille en influencer le cours. En théorie en faveur du progrès humain, celui des travailleurs, et de la population en général, ou seulement pour une frange de cette population, celle des classes supérieures et dans quelle proportion ?[7].

Ces processus font avancer le système, mais sous un certain angle, avec le contrôle possible sur son fonctionnement, sachant que les 2 acteurs qui ont le plus de possibilité de l'influencer, l'entreprise et la banque, acceptent d'être régulés par l'Etat et ses lois. Le processus engagé sur le moyen et long terme pour le développement général, peut dévier à cause des circonstances extérieures qui peuvent également influencer le cours du système en progrès, notamment les crises financières ou sociales.

---

[7] Favoriser d'abord les entreprises, les banques, comme c'est le cas en France depuis des décennies, ne conduit donc pas *systématiquement* vers le progrès.

Encadré 1-De la prédiction en économie

Il est impossible de produire des modèles macroéconomiques prédictifs, sur le long terme, puisque l'efficacité d'un système n'est prouvée qu' « a postériori ». Les données statistiques économiques, en ne donnant sens qu'après fonctionnement, ne peuvent qu'avancer des probabilités sur la bonne fin poursuivie. Les modèles, quels que soient leurs structures, permettent des contrôles et rectifications éventuelles sur le court terme.

Les systèmes ont des objectifs censés suivre les directions prévues dans le programme originel, mais sans préjuger les résultats qui restent influençables pendant cette évolution. Leurs conceptions étant circonstancielles, bien que bâties sur des expériences passées, les résultats matériels et intellectuels induits restent aléatoires.

En ne posant la question que sur le « comment » du fonctionnement des modèles proposés, on perçoit la responsabilité politique des dirigeants et responsables économiques. Leur logique apparait alors en toute clarté.

Dans un premier temps, l'Economie sera donc vue comme un système mécanique productif aléatoire qui utilise *la force* humaine, tirée elle-même de la nature pour satisfaire les premiers besoins existentiels évoqués plus haut. Or les besoins spirituels, aussi importants que les besoins matériels, sont infinis. Les produits correspondants à ces besoins seront donc toujours à inventer. Il faudra considérer l'Economie également sous cet aspect, bien que plus difficile à appréhender, - car il s'agit de psychologie, celui du comportement de tous les *acteurs* responsables décisionnels de l'activité humaine dans leur pays : pourquoi certains besoins spirituels ou physiques, restent toujours insatisfaits pour au moins une partie de la population ? Quelles en sont les conséquences sociales ?

En effet, les néolibéraux, les théoriciens de la « pensée unique » considèrent que les prédations sociétales, dont le chômage de masse et la pauvreté, souvent exacerbées par les crises, sont incontournables, naturellement inévitables, tant que ce système est libéral, mu uniquement par la satisfaction des besoins et désirs humains. Ils ne voient aucune alternative au système macroéconomique[8] tel qu'il existe dans les pays modernes. Ils ne voient qu'une seule version du système économico-politique institué dans nos démocraties occidentales pour répondre aux demandes de la population, oubliant qu'une seule partie de nos sociétés, de plus en plus diverses, en sera bénéficiaire. Ce système étant généré par la libre entreprise, il est vain de vouloir le réguler, disent-ils. Ce qui serait un frein à la croissance continue des marchés. Les inégalités qui en résultent seraient naturelles. Prédations peu visibles en période de croissance, il serait inutile et même nocif d'essayer de maîtriser les inconvénients suscités par la course aux libres profits. Pour eux le rééquilibrage entre les forces qui propulsent l'économie doit se faire tout seul, tôt ou

---

[8] Liberté d'entreprendre. Mais incluant la concurrence entre les entreprises dogmatisée en systèmes plus ou moins contrôlables.

tard, crises compris. Pour eux seule compte l'émulation que donne l'entreprise à la recherche de performances. Emulation décuplée par la recherche du profit maximum. Parlant du chômage, certains économistes l'appellent cyniquement la variable d'ajustement ! C'est l'option des économistes orthodoxes qui veulent ignorer la partie humaine de l'Economie, contrairement aux économistes humanistes, sociaux-économistes hétérodoxes. Ces derniers n'oublient pas la part ancestrale humaine, toujours présente, bien que peu visible, dans la production.

Notre point de vue est que la liberté de plus en plus grande mène à l'anarchie, dont les crises, de plus en plus importantes, sont les signes visibles par à-coups. Peu importe, disent toujours les inconditionnels de l'entreprise, libre avant tout, la régulation se fera automatiquement, tôt ou tard. Faisant abstraction du fait que plus la crise est étendue, plus l'Etat sera obligé d'intervenir. Ce qui est le cas depuis 2008, au détriment des populations.

Notre façon de réguler l'Economie autrement sera d'examiner le comportement des décideurs. L'Etat, en particulier, peut-il et doit-il intervenir ? Selon la réponse on accepte la théorie anglo-saxonne précédente, ou celle de Keynes qui lui, était favorable à l'intervention de l'Etat.

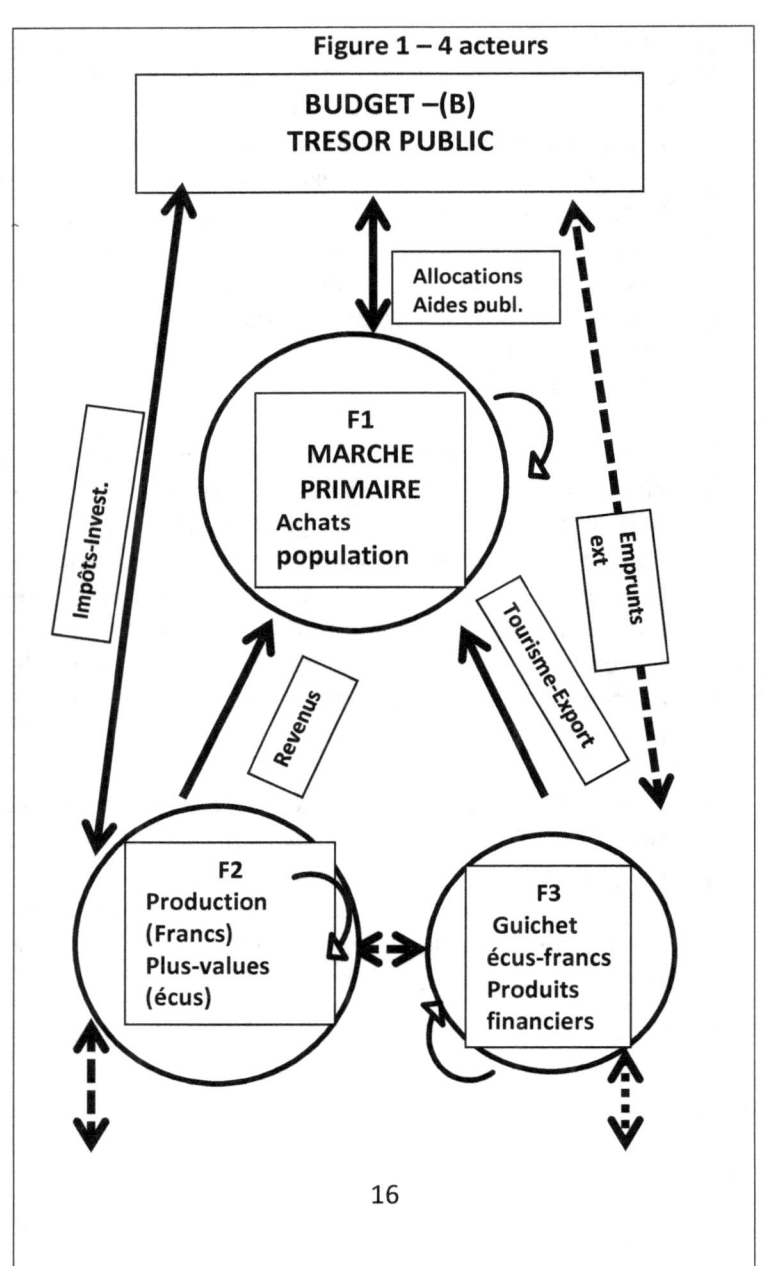

Figure 1 – 4 acteurs

BUDGET –(B)
TRESOR PUBLIC

Allocations
Aides publ.

F1
MARCHE
PRIMAIRE
Achats
population

Impôts-Invest.

Emprunts
ext

Revenus

Tourisme-Export

F2
Production
(Francs)
Plus-values
(écus)

F3
Guichet
écus-francs
Produits
financiers

Fonctionnement du système monétaire

C'est sous des impulsions permanentes productives que l'activité d'un pays évolue. Les chiffres qui interprètent leurs valeurs donnent des résultats[9] sur son évolution économique, mais dépendent, en partie, de facteurs psychologiques comme on l'a commencé à le voir. Fluctuants par nature, il ne sera guère possible de les anticiper. Pourra-t-on au moins bien connaitre son fonctionnement habituel pour espérer l'orienter au mieux de l'intérêt commun ?

L'information, qui donne un nom à toute chose ayant une valeur, lui donne vie en même temps. Le philosophe français Bergson a donné le nom d'« élan vital » à l'activité de l'homme sur terre. Depuis la **formation** de l'univers, chaque élément qui est parvenu sur notre planète, chaque particule élémentaire, est une information énergétique qui depuis son origine, a évolué dans des systèmes interconnectés, (encadré 1) de façon autonome. L'homme, grâce à son intelligence et à son imagination, est intervenu dans ce système environnemental en modifiant à son avantage l'organisation de ces forces.

Les décisions, qui prolongent cet élan vital, font suite à des choix multiples sur la façon de gérer ces valeurs en société, le dirige en permanence sur le court terme. Les décisions sont prises par les quatre acteurs évoqués, chacun ayant ses propres objectifs, définissant

---

[9] Moyennes, statistiques, graphes, pourcentages.

leur rôle, selon leurs propres intérêts. Ces groupes, forment des catégories qui, recevant l'argent qui circule après échanges de biens sur les marchés, modifient ces valeurs dans un sens particulier, avant de les propager, en influençant ainsi le cours. L'Etat qui, habituellement est maître de la monnaie, peut donner le plus de force à sa circulation, par ses propres dépenses d'investissement, et en répartissant ce qu'il reçoit des autres groupes. C'est le budget géré par l'exécutif, ministère par ministère, et par institutions.

Cette étude consistera donc à examiner la source des forces qui transforment, d'une façon ou d'une autre, tous ces biens reçus par ces acteurs, évalués par l'argent, en biens ayant des caractéristiques nouvelles correspondant aux besoins de chacun de ces acteurs.[10] De façon synthétique, puisque ce sont des valeurs qui circulent, on considèrera qu'il s'agit d'un *traitement de l'information*. C'est la satisfaction des besoins vitaux, évoqués plus haut, se nourrir, se protéger et communiquer, qui sont la base des systèmes de production. Nous attirons l'attention du lecteur sur un aspect primordial de l'activité économique qui en résulte, que ces besoins ne sont pas que matériels, mais aussi faits de *plaisir, de bonheur, d'art, de culture en général, et de services,* qui sont autant de besoins, spirituels et moraux, de plus en plus nécessaires dans un pays moderne dont le quotidien est de plus en plus complexe, et qui, *achetés,* alimentent ce fameux

---

[10] Deuxième principe de thermo-dynamisme. Voir encadré

« produit   intérieur brut » (PIB), et même « extérieur » brut, incluant la production destinées à l'export. « ...de nombreuses études ont démontré l'effet multiplicateur de tout euro investi dans la culture [11]»

Ces chiffres servent de référence aux économistes. Certes, l'économie d'un Etat moderne se traduit par des chiffres, comme pour une entreprise, mais de façon imparfaite. Cela tient au rôle du système argent, qui fausse, comme on va le voir, (chapitre « le système paradoxal de l'argent »), dès l'origine, les valeurs des produits à échanger.

Chaque « traitement » subi par la monnaie a des répercussions les unes sur les autres. Ils sont générés par des sous-systèmes. Certes les économistes parviennent par déduction à comprendre à partir des résultats, ce qui les a générées, mais l'analyse des sources est plus instructive, car les motivations sont complexes et généralement peu connues[12]. Analyser le processus dès sa création, qui fait quoi, pourquoi [13] ? À qui cela va-il-il servir ? est une méthode *inductive* utilisée en informatique. D'où l'expression de « traitement de l'information », comme on l'a vu, qui nous servira de base. Nous espérons pouvoir montrer de façon simple, quelles sont les impulsions, généralement humaines,

---

[11] Stéphane Lissner- Face au repli identitaire, osons l'art contre la peur- (Le Monde- 24 novembre 2014)
[12] La complexité vient des interconnexions des systèmes et sous-systèmes en cause.
[13] Par exemple, pourquoi freiner l'inflation ?

qui permettraient de contrôler le processus qui en découle, pour le meilleur de la population, ce qu'on a appelé le progrès. Impulsions qui sont des choix qui déterminent théoriquement les résultats espérés.

Pour ceux à ceux à qui le mot d'économie pourrait faire reculer, nous allons montrer comment un pays moderne fonctionne, mais sans les chiffres habituellement mis en avant par les économistes. C'est-à-dire à partir des seules relations entre les systèmes et sous-systèmes, à partir des seuls processus enclenchés, des seules intentions des responsables ayant le pouvoir de traiter ces systèmes destinés à obtenir les produits voulus. Revisiter le *monétarisme* sous cet angle devrait ouvrir une fenêtre pour les non-initiés sur un monde où l'explication se suffira de l'examen de leur engrenage qui le font fonctionner. Ce point de vue étant mécanique, et logique.

Dans ces conditions il sera possible de modéliser ce fonctionnement grâce aux schémas qui reproduisent les processus de ces systèmes. Ce sont des modèles qui pourront donner à ceux qui nous gouvernent, s'il en était besoin, la méthode susceptible d'orienter l'évolution économico-politique de leur pays dans un sens plus ou moins favorable à la société toute entière, ou seulement à certaines classes sociales. Ils fourniront ainsi un éclairage nouveau, plus précis et plus probant à ceux qui sont gouvernés

L'engrenage qui lie l'argent aux systèmes vitaux de l'activité de nos pays modernes, a été analysé par J.M Keynes dans son fameux livre « Théorie générale de l'emploi, de la monnaie et de l'intérêt » Il a analysé essentiellement ces trois aspects du fonctionnement de la macro-économie figurant dans le titre de son livre, avec une logique mathématique qui traduisait l'activité du monde [14] de son époque. Toutefois, il a pris certaines distances avec les conclusions de ses analyses en admettant l'influence de la psychologie des acteurs en question, à savoir, celle des entreprises, celle de l'Etat et un peu celle de la finance[15]. S'il a relevé explicitement le rôle primordial de l'achat c'est restreint au salariat, en partie défendu alors par les syndicats. Alors que notre propos sera de l'étendre à tous les revenus quelle qu'en soit la source.

Bien qu'acteur principal dans le système monétaire, la possibilité de la population dans son ensemble de faire évoluer l'activité économique en sa faveur, reste faible. Il dépend essentiellement du patronat et de la pression du syndicalisme dans un système libéral. J.M.Keynes a pour la première fois dans une théorie macroéconomique inclus l'Etat comme acteur possible et même souhaitable selon lui, dans le système monétaire d'un pays. Ce point de vue monétariste est repris dans cet ouvrage, mais en insistant sur les responsabilités particulières de l'Etat en tant que re-distributeur des richesses dues au travail. Sous réserve que la finance soit restée sous sa dépendance par l'intermédiaire d'une Banque centrale nationalisée émettrice de monnaies.

---

[14]La dynamique de « l'élan vital » est celle de l'argent.
[15] Notamment en dénonçant le rôle des « rentiers » vivant du seul rapport spéculatif de leurs placements.

Toutefois, si J.M. Keynes a pris certaines distances avec les conclusions de ses analyses en admettant l'influence de la psychologie des acteurs en question, sans insister sur leurs effets, il n'a pas relevé explicitement le rôle de la population. Ce qui est presque normal étant donné l'irresponsabilité de cette dernière dans le système monétaire. Si le salariat dans un système libéral n'a que peu de possibilités d'exercer des pressions sur le système, l'Etat employeur peut les compléter par l'augmentation du pouvoir d'achat de la population fonctionnarisée. Il peut le faire également en tant que chef d'entreprises nationalisées. Il peut, théoriquement du moins, décréter le niveau des taux d'intérêt[16]. Ces pressions, vues comme des investissements, concourent à la croissance favorable donc à la population. Ce point de vue, de l'Etat responsable, est repris dans cet essai, en insistant sur son rôle dynamique, étant entendu que le système financier soit resté sous sa dépendance.

Toute décision aboutissant à un acte d'achat dans la société libérale est intentionnel donc d'ordre psychologique. On retrouve cet aspect schématisé dans les figures 2 et 3 sous le nom de « confiance ». *Ce sont les bons résultats des investissements qui induisent la confiance dans l'avenir[17].* Ce qui à son tour implique une certaine spéculation, ce terme étant pris dans son sens

---

[16] Dans l'U.E c'est la banque centrale européenne qui donne des « taux directeurs », ce que chaque membre est obligé de répercuter en interne.

[17] Autre exemple de cercle « vicieux » mais cette-fois prometteur.

étymologique : regarder l'avenir[18]. Mais sans grande prise de risques si ces résultats sont probants et permanents.

Il y a depuis l'industrialisation, deux genres de spéculation, celle qui s'investit dans le travail, et celle qui espère un rendement purement financier avec prise de risques. Il faudra donc distinguer deux fonctionnements monétaires, qui sont pris en compte par les décideurs qui ont le pouvoir de transformer l'argent, (traitement de l'information) et de le rediriger dans la circulation. Revisiter le monétarisme sous cet angle devrait ouvrir une fenêtre sur le monde capitaliste où l'interprétation donnée par les statistiques ne tient pas toujours compte des réactions entre les nombreux systèmes et sous-systèmes, à l'origine de ces résultats.

(Encadré 2)
L'Entropie, 1er principe de thermo-dynamisme
L'expansion explosive de la formation de l'univers donne des multi-directions aux forces qui en résultent. Les particules élémentaires porteuses de ces forces, (des vecteurs), en explosant de façon aléatoire se sont amalgamées, et diversifiées pour aboutir aux formations de l'univers tel qu'on le connait actuellement, le chaud allant vers le froid, ce qui lui donne sens.
2 e principe de thermo-dynamisme.
C'est le processus du traitement de l'information valable pour tout mouvement des systèmes y compris les systèmes vivants, qui va d'un état premier à un autre.
Ces forces en prolongeant ces mouvements ont créé la

---

[18] Ce n'est qu'à grande échelle que ce terme prend une connotation péjorative. Particulièrement si « l'investissement » porte sur l'argent lui-même.

vie sur notre planète. De systèmes en systèmes, d'étape en étape, l'homme comme tout être vivant « brûle » les calories en utilisant ces forces en mouvement dans l'espace-temps à l'échelle de notre monde. Alléger les forces de travail et souffrances de l'homme au travail en produisant des biens matériels et immatériels, structurés par le système monétaire, est une nécessité vitale. Ces forces, qui permettent les échanges entre la nature et l'homme sont des valeurs qui seront suivies en dynamique pour leur donner *sens plus précis celui de la vie et de sa continuité*.

(Encadré 3) Lois expérimentales des systèmes
effets secondaires
- *usure* : chaque mouvement subit *systématiquement* une perte partielle de force due au refroidissement universel de l'après « big bang ». Toute action destinée à obtenir un état différent d'un état initial grâce à la force calorique, ne transmet pas la totalité de sa valeur initiale. (Loi de Sadi Carnot). C'est en tenant compte de cet effet secondaire, résidu de la puissance primaire, que sera faite l'analyse de notre système économique. C'est ainsi que tout système, même vivant, s'épuise et doit toujours être réalimenté. Les « déchets » ou résidus caloriques non utilisés peuvent être réutilisés (recyclage) dans des sous-systèmes. Mais dans tous les cas, ils provoquent à nouveau des déchets. Devenant de plus en plus faibles les gains de temps et d'espace destinés à rendre efficace le système initial, sont de moins en moins sensibles.
effets de levier
Un outil en augmentant la force initiale, grâce à un point d'appui, (gain d'espace) est un levier linéaire. Il

peut déplacer un objet lourd avec une force relativement faible. On multiplie cette puissance si le mouvement est rotatif : gain de temps et d'espace pour un meilleur résultat grâce à un effet de retour plus rapide de la force employée. D'où l'invention de la roue et ses points d'appuis permanents.

Changements

Seul un point d'appui *extérieur* permet la réflexion d'une force. Le repérage d'un mouvement n'est possible qu'à partir d'un état initial ou final. Par définition, un mouvement ne s'arrête jamais pendant un processus, du moins tant qu'on lui applique une force.

On ne change pas un système de l'intérieur si rien n'a été conçu à l'avance à cet effet (redirection). Les modèles déduits des systèmes permettent des contrôles et rectifications éventuels, mais après arrêt du processus.

Obstacles : pendant la transition, le système peut rencontrer des obstacles imprévus venant du monde extérieur. Ils provoquent des dysfonctionnements qui peuvent être surmontés, mais toujours de « l'extérieur », chaque système, comme tout outil, étant neutre dans le processus.

L'Etat, ayant le plus de moyens re-distributifs, a habituellement la possibilité de corriger les errements des mouvements monétaires par le budget, grâce aux prélèvements, taxes et impôts. Selon la règlementation en vigueur qui dépend d'une Banque centrale[19], il peut aussi décréter le niveau des taux d'intérêt et contrôler ainsi les

---

[19] Habituellement dépendant des pouvoirs publics. Mais, actuellement, de la Banque centrale européenne (BCE) qui est indépendante depuis sa création.

flux financiers. Nos dirigeants sont les premiers acteurs de développement car ils ont la responsabilité de produire et re-distribuer cet argent dans la population, qui on l'a vu, est à la base de la circulation monétaire, de l'économie réelle.

Les responsabilités dans le fonctionnement du système de circulation monétaire, à l'origine de l'activité humaine, sont ainsi clairement établies. Chacun des trois acteurs en F2, F3, B, (figure 1) a une forte responsabilité liée au rôle de l'argent (voir chapitre suivant) qu'il lui fait subir : profiter de son passage dans leurs comptes, apporter de nouvelles richesses, tout en les entretenant, et relancer ces valeurs dans le système productif monétaire, sont susceptible de maintenir ou accentuer sa vitesse de circulation. Et par là-même modifier la croissance. Pour comprendre ces actions de traitement de l'information[20], il faudra connaître cet outil magique ou maléfique, dont ils se servent (chapitre suivant : « le rôle paradoxal de l'argent ».

Le traitement permanent de chaque acteur sur la masse monétaire en mouvement, agit sur les valeurs des produits transportés. Ainsi chaque achat final, après transformations, transporte une valeur comportant une part de valeur travail, une part de valeur financière, et une part de taxes et impôts prélevée par l'Etat, dont les

---

[20] Chaque information est une valeur numérisée par l'argent et représente une part d'énergie de la planète : la force déployée par l'activité humaine.

proportions ont varié depuis quelques décennies dans le sens de la diminution de la valeur travail[21].

Malgré cet effet antinomique, peu visible, qui attribue en même temps, à un instrument de mesure, une valeur de même type que ce qu'il mesure (juge et partie), on continue à lui faire confiance parce qu'on n'a plus le choix : c'est le paradoxe du système monétaire, que l'homme a inventé pour faciliter son existence, pour tirer le meilleur parti de son travail, mais qui peut donc se retourner contre lui.

LE ROLE PARADOXAL DE L'ARGENT

Le monétarisme met en exergue ce rôle de l'argent dont la masse est devenue exponentielle depuis une centaine d'années. Argent qui *subit des changements en valeur à chaque échange de biens sur les marchés.* Rôle transactionnel d'un système qui devrait tendre à sa future et propre destruction, par un phénomène de contradiction connu dans le monde physique, dû au fonctionnement de tout système (encadré 1). C'est un effet secondaire, ou déviant, créé dès le passage d'un état à un autre. Il y a une perte d'énergie par rapport à l'énergie du précédent état, une usure [22] qui cumulée à terme, sauf intervention externe compensatrice, finirait par l'arrêter[23], comme étouffé par ses déchets.

---

[21] La masse salariale représente en France environ 60% de la masse monétaire générale.

[22] Ce n'est pas par hasard que ce terme indique aussi un excès du taux d'intérêt de la part des prêteurs (usuriers).

[23] Le deuxième principe de thermo dynamisme est une autodestruction progressive, mise également en avant par l'écologiste Georgescu-Roegen, au début du 20 e siècle.

Les valeurs en mouvement prennent des directions diverses selon la façon dont on se sert de l'argent qui les transportent. Le déviant d'un système n'apparait généralement pas au début de son fonctionnement, mais après un temps qui reste aléatoire. L'efficacité d'une action ne peut être démontrée avant de l'avoir expérimentée et menée à bonne fin. Les effets des systèmes économiques resteront improbables ne serait-ce que par cette difficulté. Le grand nombre de mesures prises pour y parvenir en sont la preuve. Les économistes montrent souvent leur désaccord sur les mesures à prendre ayant pourtant le même objectif basique.

Comme tout système, un outil est neutre. Il ne fait que ce pourquoi il a été conçu. Mais il peut rencontrer des obstacles dès qu'il est activé. Les systèmes vont donc bien évoluer sous la pression initiale, mais peuvent modifier leur parcours, plus ou moins rapidement, et finissent parfois par changer radicalement les résultats espérés sous la pression de circonstances extérieures. D'où l'inefficacité de certains systèmes même bien conçus[24]. La force humaine ainsi instrumentalisée par le système monétaire, a besoin d'aides extérieures pour corriger les erreurs de parcours, de coopération, dans l'environnement sociétal et politique dans laquelle elle évolue, pour maintenir les effets escomptés. Dans certains cas on peut obtenir l'inverse de ce qui est souhaité au départ. Concevoir suppose un risque, celui de l'imperfection. Le pire étant ce qu'on a déjà

---

[24] C'est ainsi que des « mesures » prise par les pouvoirs politiques, ne portent pas toujours les fruits escomptés.

rencontré, un cercle vicieux auto-entretenu entre deux systèmes, qui mène à l'explosion. C'est-à-dire aux crises.

L'argent comme instrument de mesure.

L'argent est, en apparence du moins, la forme quasi stable du système monétaire. En tant que moyen de comparaison il permet d'attribuer des valeurs aux biens. Mais celles-ci sont fluctuantes.

A l'origine l'homme travaille pour produire de quoi se nourrir. Il obtient ces produits par la transformation de produits primaires de la terre, grâce à l'énergie solaire : sa propre force de travail, issue de sa nourriture, la renouvelle. Sédentaire, il invente des outils mécaniques, pour faciliter son travail en qualité et en quantité sur la terre dont il dispose. Il obtient parfois, grâce à ces outils, des **surplus** qui seront échangés contre des surplus différents de producteurs voisins : l'homme est alors, en tant que membre d'une tribu primitive, à la fois producteur et consommateur. A l'origine, on sait qu'il pratique le troc de ses surplus. L'échange est immédiat : franc et direct, valeur-travail contre valeur-travail, mais plus ou moins bien évalué, selon le temps et la force nécessaires pour obtenir le produit.

Il était propriétaire-exploitant avec ses congénères de la terre d'où il tirait cette nourriture. C'était sa richesse, acquise ou conservée, au besoin par *la force devenue par la suite, en société, celle de la loi, du droit qu'elle définit*. Ce principe est maintenu de nos jours parce que les propriétaires producteurs de biens ont pu augmenter la surface de leurs terres. Ils sont devenus propriétaires, s'il le fallait par la force, comme l'animal qu'il est, des lieux de sa production. En général les producteurs-travailleurs ont été expropriés, par les plus forts et ne sont plus que travailleurs au service du propriétaire. C'est l'époque féodale Ils sont, depuis, toujours exploités comme le disent les marxistes, mais, en période faste, libres de choisir, de changer de propriétaires. Le nombre de propriétaires et surtout la quantité de production a augmenté avec l'augmentation démographique : davantage de consommateurs, donc davantage de producteurs.

L'argent suspect

Il y a 800 ans avant J.C environ, l'homme devenu entretemps « sapiens-sapiens », invente un système de chiffrage, ou outil, l'argent, matérialisé et indexé au poids et aux chiffres, de pièces de monnaies différentes. L'argent métallique peut repérer et quantifier une unité de valeur-travail admise par tous, permettant d'échanger plus facilement ses surplus contre d'autres produits, sur les marchés éloignés. En donnant une valeur conventionnelle, chiffrée à l'avance, d'un bien, qui, mieux précisé que le troc, par le producteur, facilite leur transport par des intermédiaires. Il le perd de vue, mais sa valeur, le prix qui est transporté avec le bien, lui revient, sans changement apparent, et sert à acquérir d'autres biens par la suite.

Ceci est bien connu, mais doit être souligné pour admettre que ces mouvement, ce laps de temps dans les échanges, n'est pas anodin. L'argent utilisé comme outil de contrôle et d'évaluation des biens à échanger part du collectif au particulier et inversement, en circulant dans un sens ou l'autre, selon qu'on considère le producteur ou l'acheteur final (particulier), qu'il y ait des intermédiaires ou non entre les deux. Pourtant, malgré les apparences, outil d'évaluation, comme le fait une balance, l'argent n'a pas de validité durable bien qu'il ait eu une certaine constance dues à sa consistance pour faire connaître la valeur travail. Celle-ci peut changer selon les circonstances. Certes le poids des pièces métalliques est généralement constant, mais la valeur mesurée peut changer, du simple fait du coût du transport des biens qui augmente avec l'éloignement, et de la perte de temps dans l'acquisition. Ce coût qui n'existait pas lors d'un troc, change la donne. Le prix conventionnellement institué alors à partir du chiffre unitaire de toute monnaie, a été projeté et imposé comme étalon de mesure par l'autorité du lieu où il s'exerçait. L'information sur la valeur du bien est redirigée ensuite vers un individu qui peut ne pas être connu. On *confie*[25] à l'argent, un *système* d'évaluation, noté souvent sur une étiquette, un produit qui aura donc toujours une valeur incertaine, car décidée par le producteur et les transporteurs, selon des critères qui leur sont propres.

L'évaluation des biens, du côté acheteur dépend aussi de critères subjectifs, tel que le pouvoir d'achat de chacun selon ses revenus et sa richesse propre. Chacun considère implicitement, comme plus ou moins cher un bien quelconque. En effet toute évaluation de ce type pour un particulier se fait à l'aune d'anciennes évaluations de biens similaires, plus ou moins bien mémorisées, donc

---

[25] Ce mot prend son importance, sur les figures 1- 2-3. Au sens figuré il a pour synonyme « adhésion ». Mais avec son sens propre dans le domaine physique, il introduit la notion de glissement. Dans ce cas il renvoie à l'aspect impondérable des relations entre les mouvements de deux systèmes.

toujours approximatives. Le poids de l'argent mis sur la balance a beau être un étalon considéré comme stable, ce qui est effectif sur le plateau ne garantit pas une pesée identique à celle du producteur : à chacun sa balance. L'acheteur qui n'est pas présent lors de l'évaluation du produit, peut en subir des inconvénients.

Il faut compter les modifications apportées par des intermédiaires de plus en plus nombreux dans la chaîne de production. Parmi lesquels les notions de qualité et de rareté ont une place prépondérante. Ce qui ouvre la porte à des différences et abus sur les marchés, chacun utilisant sa propre balance, qui est un outil de mesure conventionnel symbolisé par l'argent, à la fois particulier et commun, admis comme seul outil d'échange. Mais où est le commissaire-priseur, sorte d'arbitre, qui utiliserait cet outil pour attribuer une valeur plus exacte, plus stable à un bien, qui serait admissible par tous ? Dans un système de marchés libres, il n'existe pas[26]. Outil de comparaison non fiable, l'argent qui attribue une valeur à un bien quelconque ne peut avoir de validité en tant que tel, notamment dans le temps, car à chaque échange de valeurs, il fait apparaître des valeurs variables, au moins le temps de la transaction.

Comme tout instrument de mesure il fonctionne en changeant une unité élémentaire mémorisée par un symbole, pour obtenir d'autres valeurs, également symboliques, mais *déplacées*, comme on le faisait avec le boulier, qui, utilisé dans les sociétés primitives a été le

---

[26] Même si les prix sont imposés, ce qui a été le cas après la dernière guerre en France, ils n'étaient pas calculés par l'Etat, seulement constants, pour éviter l'inflation.

premier instrument employé pour donner une signification symbolique différente, à des valeurs. La quantité par le cumul de symboles différents (chiffres), s'inscrit en se différenciant par son seul emplacement[27]. Cette opération, déplacer une valeur pour en obtenir une autre est une transformation, donc un traitement de l'information.

On retrouve ici, pour l'évaluation d'un produit, la formule fondamentale du travail, c'est-à-dire, une force déployée dans le temps et l'espace. Ce déplacement d'une valeur initiale a pour résultat, un **produit** de valeur différente, parfois plus importante grâce à un apport énergétique plus puissant. Le calcul est un moyen de quantifier la valeur finale : plus ou moins de travail pour plus ou moins de valeur, qui au final lui donne un nouveau *sens*.[28] On peut dire que l'Economie est alors faite de ces valeurs symboliques finales, chiffres et mots, qui évaluent l'activité humaine, et sont **traités et retraités** pour que ces informations soient significatives après avoir été agrégées au niveau national : ce sont les statistiques qui en rendent compte.

Cette instabilité est devenue volatilité comme on le constatera au chapitre traitant des dettes souveraines (Mythes et mystifications). Pour la simple raison que le temps intervient, dans tout transport, dans toute transaction monétaire qui concrétise également une transformation dans l'espace, bien que très courte.

---

[27] Des cases différentes dans un boulier

[28] Ce mot est remarquable car il donne aussi ...sens à l'évolution, depuis le « big bang » qui part du chaud vers le froid (Encadré 1)

Transférer la valeur d'un bien en l'attribuant à des pièces métalliques qui le mesurent, dans l'espoir de recevoir en contrepartie, un autre bien de valeur équivalente, mais d'usage différent, était a priori faire preuve d'intelligence. Il suffisait que la valeur des pièces sonnantes et trébuchantes, chiffrées selon leur poids soit garantie par une autorité supérieure qui se chargeait de les fabriquer. Cette garantie ne pouvait évidemment être assurée d'une certaine pérennité qu'avec sa rareté et difficulté de fabrication. Garder un certain temps un autre bien matériel qui le représente mais qui tient dans la main n'est possible que si ce nouveau bien symbolisé, ne subit pas d'altérations, comme l'or. Donner ainsi la **confiance** à ceux qui les possédaient, garantissait de pouvoir ensuite retrouver d'autres biens, de valeurs comparables. Cette **qualité** attachée à l'argent monétarisé par les échanges est un élément **psychologique**, inchiffrable, qui rend en partie irrationnelle la macroéconomie uniquement examinée de façon quantitative, en comptable.

On a vu que la balance n'apportait pas de certitude à ces résultats comparatifs. Comment estimer avec certitude, en effet, une possible variation de variation régie par le temps comme toute variation ? Comment contrôler alors cette volatilité permanente ? Sensible aux mouvements extérieurs, l'argent-système, ne pourra qu'engendrer des accidents de parcours. Le processus d'évaluation d'un bien à un moment donné, par la monnaie, d'une part, et sa transmission d'autre part, par le même outil, forment deux systèmes différents qui interfèrent, selon le rôle qu'on leur attribue, qui les complexifient au point qu'ils peuvent rendre leurs fonctionnements réciproques incohérents. En effet l'évaluation d'un bien qui semble obéir à la loi de l'offre et de la demande a un caractère subjectif, tandis que le processus transactionnel obéit à un ordre de destination, simple moyen de transport impersonnel.

Raison pour laquelle on doit suspecter la fameuse loi de l'offre et de la demande, qui sous prétexte de liberté d'évaluation, est supposée équitable. Or une loi est faite pour réguler excès et erreurs. Il faudrait dire à l'opposé, « la dictature » de l'offre et de la demande, de l'argent qui circule sur les marchés.

On peut résumer ainsi ce système paradoxal : alors qu' « on » transmet un bien mesuré en valeur par le poids d'un métal, «on» achète plus loin un autre bien d'une valeur supposée identique, également mesurée de cette façon par des poids reconnus équivalents, mais on ne transmet pas la balance qui a équilibré ces valeurs. Le chiffrage monétaire qui mesure et se mesure en même temps donne des résultats admis comme vrais bien que faussés en partie. D'où le rôle paradoxal joué par l'argent, qu'aucune garantie ne peut corriger. Cette déficience étant généralement faible, elle passe inaperçue. Sauf à terme, comme pour tout système en mouvement, comme on l'a vu, avec inévitablement le risque d'explosion ou d'étouffement, pendant le cheminement globalisé de la monnaie.

Dans le système monétaire, traduisant l'activité humaine, établissant les échanges sur les marchés de toutes sortes, l'homme, change de rôle dans l'activité économique, producteur-travailleur ou consommateur suivant sa position dans la société. Il détermine si sa position l'autorise, comme dans les temps anciens, la production et l'achat des biens dans un système qui est pourtant faussé à la base.

Il sera donc toujours imparfait de ne retenir que le sens que donne le chiffrage de l'activité humaine, pour déduire l'évolution humaine d'après l'évolution économique, c'est-à-dire sa richesse puisque l'instrument qui manie ces symboles est lui-même imparfait. L'interprétation de la plupart des économistes orthodoxes est sujette à caution car rien ne prouve que les chiffres qu'*ils interprètent*, à partir de statistiques, soient justes.[29]. Le facteur de distorsion intervient dans le système monétaire en tant qu'instrument d'échange à tous les niveaux des sous-systèmes qui les influencent.

Pour aller plus loin dans l'analyse, et symboliser la « logique » des marchés, depuis que l'argent a permis de les faire croître, de façon gigantesque, reprenons le troc, la première des transactions, qui précédait et bloquait leur extension qui, depuis semble infinie. L'évaluation se faisait, comme on l'a vu, en fonction du travail nécessaire à la production de chacun des deux biens en confrontation directe, ici et maintenant. Effectués uniquement entre deux parties en présence, - un seul vendeur, et un seul acheteur- les échanges qui arrangeaient ces deux parties, n'auraient pas pu s'étendre. Cette fois, grâce à l'argent que nous appellerons B, comme instrument de mesure, un échange

---

[29] Le procédé est déductif. Partant de résultats il ne peut qu'émettre des probabilités sur le futur. Alors que notre méthode étant inductive, elle n'engage pas l'avenir tout en revenant sur les prémisses pour modifier si nécessaire les résultats.

pourra donc avoir lieu entre des personnes qui ne sont plus en contact immédiat. L'éloignement n'est plus un handicap. Ainsi, si A et C sont deux biens estimés à la même valeur, éloignés de leurs producteurs, considérés comme étant égaux par l'arbitrage conventionnel de l'argent B, on leur attribue avec *confiance* des valeurs équivalentes malgré l'anonymat entre les propriétaires de A et C. Tout peut se passer. Seule l'honnêteté, qui est une valeur morale, donc humaine, permet de donner foi à la transaction.

Cet échange reste suspect pour une autre raison : la théorie des systèmes postule que le résultat d'un transfert quelconque change la valeur initiale d'un produit à cause de l'action : l'énergie initiale n'est pas intégralement restituée[30]. Il y a un temps de transit de A à C qui est celui du processus d'échange effectué par B, qui peut fausser les valeurs originelles. A toute évaluation monétaire, s'ajoute un temps de latence, minimum, à cause de B qui sert de véhicule pour ce passage de l'un à l'autre état. Ainsi, cette valeur intermédiaire B attribuée aux biens par des équations ne respecte pas non plus dans la réalité la valeur intégrale du bien mesuré, non seulement par la difficulté d'appréciation qu'on vient de voir, mais par son inconstance dans le transfert lui-même, même s'il est très court : ce paramètre qui semblait pourtant être assurée par les pièces de monnaies n'était en fait garanti qu'en apparence par le poids. Mais dans le vivant, dans le domaine physique dont on dépend, il n'y a pas d'exactitude, parce que l'instantané n'existant que de façon abstraite, le temps calculé dans la réalité d'un mouvement ne se mesure que de façon relative. Le calcul dans ces conditions restera

---

[30] Loi de transformation

toujours approximatif. Si le système d'évaluation subit une évolution très courte, le temps perdu à la transformation par le transit monétaire de la donnée d'origine pour arriver à son but joue peu. Mais si le temps de « garde » s'allonge, le stockage donc, les valeurs changent.

La loi des systèmes décrit un avantage réel, ici le développement économique par les marchés, et un inconvénient, une perte de valeur, effet secondaire tiré du bien en transit qui subit cette loi. Cette perte de valeur résiduelle n'est pas dédiée uniquement aux propriétaires des biens dont ils se séparent, mais à tout possesseur d'argent sur le long terme (encadré 2). Tout bien chiffré va perdre de sa valeur, puisque ce qui le chiffre est lui-même en perte de valeur dans le temps. La fameuse loi des marchés n'est pas parfaite comme l'avaient pourtant admis les économistes classiques comme Adam Smith ou Ricardo. La monnaie, en tant qu'instrument de transport ajoute ainsi un paramètre négatif, diminuant la valeur des plus-values de production : la perte de sa propre valeur. Cette évaluation souterraine, indépendante de la valeur initiale des biens transportés est une perte intrinsèque au système monétaire. Cette érosion de la valeur monétaire, effet secondaire naturel du système est confirmée par les statistiques historiques[31]. Perte qui, de toute façon, avait lieu quand la monnaie était uniquement sonnante et trébuchante, bien que moins sensible du fait de la lenteur des échanges. Ceux-ci devenus plus rapides depuis la fabrication papier, l'est encore plus depuis que les comptes sont écrits pour les entreprises et que les ordinateurs

---

[31] Fournies par l'INSEE et autres organismes tels qu'Intestat, Wikipedia, OCDE , années après années.

transportent les valeurs à la vitesse de la lumière. Ceci principalement depuis que les Bourses « travaillent » sur ces ordinateurs. Les sommes ainsi traités prennent des proportions vertigineuses, dans une spirale des plus dangereuses. Nous verrons qu'il y a heureusement une possibilité de freinage, au chapitre traitant des crises financières (Puissance prédatrice de la finance).

Le système peut transporter des valeurs extrêmement importantes de masses monétaires sur le long terme, et dans ce cas, les résultats sont faussés de façon plus significative. Auxquels on peut ajouter le temps de transport physique du bien lui-même. Mais celui-ci- est connu, il intervient de façon plus visible dans le calcul de la valeur par le producteur.

Tout le monde sait que l'argent perd de sa valeur dans le temps (le temps, c'est de l'argent). Tout bon gestionnaire d'entreprise sait qu'il faut limiter au maximum son stock car l'argent qu'il représente se dévalorise dans le temps. On peut en déduire que la monnaie, qui ferait baisser mécaniquement chaque valeur insensiblement, est devenue une sorte de supercherie.

Les flux d'échanges monétaires accentuent les distorsions des valeurs d'échanges par le seul mouvement. Insistons sur cette inconsistance dans la valeur des biens représentés par l'argent : elle détermine les inégalités, les enrichissements sans cause du seul fait de la façon dont chaque dépositaire même momentané, va retraiter, en la compensant, la valeur qu'il reçoit, selon sa position acquise dans le système économique : le traitement des informations se fera au niveau des quatre acteurs (figure 1) à partir de décisions compensatrices qui vont influencer l'Economie dans son ensemble. La monnaie ainsi transportée sera donc implicitement composée des valeurs issues de ces traitements. Ces acteurs vont donc traiter les flux qui leur parviennent dans leur propre intérêt : ce sont les plus-values qui seront souvent, en quelque sorte par précaution, augmentées d'autant. Elles entrent dans le compte dénoncé par Marx, de l'exploitation du travail. Elles expliquent, en partie, l'inflation.

Rôles des 4 acteurs

Dans le système général de circulation monétaire (figure 1), figurent les quatre acteurs en question, chacun dans son rôle, après avoir reçu la part qui lui est destinée, et le retraite, avec des plus-values ou, plus rarement, des moins-values, dans les quatre « nœuds », F1, F2, F3 et B reliés entre eux par les flèches des vecteurs. Après avoir été ainsi retraités, selon leurs choix programmés pour servir leurs propres intérêts, ils rétrocèdent une partie de ces liquidités dans le système, et le relance avec un effet de levier plus ou moins fort dans la circulation, soit sous forme de salaires, soit en investissements, qui dans le temps va augmenter le production. Ces impulsions permettent à la monnaie d'augmenter sa vitesse de rotation. L'argent en augmentation réelle « profite » ainsi aux quatre acteurs et à l'ensemble de l'Economie[32]. Ce retraitement cyclique, apporte des liquidités mais les répartit irrégulièrement dans un système libéral où règne la loi du plus fort. Chacun contribue toutefois à l'activité générale, croissant, stagnant ou la régressant selon le cas.

---

[32] Hors inflation nominale.

Traitement des informations des quatre acteurs

Population (F1)

C'est avant tout les travailleurs les retraités, privés ou publics, qui, par leurs achats, entretiennent ou développent la croissance. Ce sont eux qui, par leurs besoins vitaux à satisfaire, stimulent la demande de produits qui augmente alors les richesses après échanges sur les marchés de biens matériels ou non, supportés et transmis par la monnaie. D'où la nécessité du maintien de la vitesse de circulation monétaire pour cette redistribution par des apports en liquidités permanents des acteurs eux-mêmes. S'il y a tendance à la baisse de contribution de ces liquidités, les autres acteurs doivent les compenser d'une façon ou une autre. Sinon ils en subissent les conséquences, car l'activité leur profite.

C'est la conscience collective de la population d'un pays qui décide ou non du passage à l'acte d'achat, selon les choix individuels dictés par l'habitude, les besoins et désirs du moment. Chaque comportement individuel est globalisé après les sollicitations marchandes des produits proposés. Ce sont les spécialistes du marketing qui étudient la psychologie comportementale des individus de façon que chacun prête attention au produit et passe à l'acte. Stratégie de l'offre, qui complète la stratégie de la demande initiale des besoins de base décrits plus haut. Dans nos sociétés modernes, tout ce qui consiste à produire ce qui peut apporter d'améliorations à la condition humaine, (encadré 3), les produits finis plus ou moins nécessaires, de consommation, matériels ou non, les produits semi durables ou durables, sont chiffrés dans le produit national brut [33](PNB). Ce marché ne comprend pas les biens de seconde main, mais, en supplément, les biens de l'économie souterraine non chiffrés, à l'exclusion de l'activité de l'Economie en général. Tout va vers le marché de production, et tout en repart dans un cycle permanent.

La population des classes moyennes par ses revenus de toutes origines, est celle qui possède le plus d'argent, soit actuellement 60% de la masse monétaire générale en France. Les banques, l'Etat, les classes supérieures possèdent le reste de la masse en circulation, étant entendu qu'on exclut la capitalisation. Mais bien qu'acteur principal, elle n'a que peu de prise sur son augmentation. Elle ne fait que percevoir sa valeur travail transformée et inciter de ce seul fait, les producteurs à la reproduire. Bien que simple relais de l'initiative prise par d'autres, l'homme acheteur-consommateur fait suivre sa « propension de la demande » comme l'a dit J.M. Keynes en harmonie avec ses revenus. C'est sa façon de retraiter l'information qu'il reçoit : plus ou moins de revenus réagit sur la vitesse de circulation monétaire, donc sur la croissance. Mais ce retraitement est aussi dicté, comme on l'a vu, par l'habitude. Il s'opère par choix de produits qui sont présents sur les marchés et sont limités par leurs valeurs marchandes. Réinjecter des liquidités dépend de celles qui ont déjà été fixées, par les producteurs et distributeurs. Le rôle de l'acheteur, catégorie à laquelle appartiennent donc les travailleurs, les retraités, est primordial mais reste machinal, obligatoire. Cet acteur principal, qui n'est plus propriétaire de la production, donc de son salaire, n'a guère les moyens de régler la puissance de son pouvoir d'achat,

---

[33] Comprenant les produits destinés à l'export.

le niveau de salaire étant décrété par le propriétaire-producteur, et marginalement par l'Etat s'il existe un salaire minimum. Seule la pression des grèves peuvent éventuellement le transgresser. Arrêter la production est alors un bras de fer qui se termine tôt ou tard en faveur du capital, surtout en période de récession où les entreprises dépensent le moins possible. L'investissement stagne. Cette force qui faisait avancer le système diminue ce qui accroît la récession. Toutefois, l'argent résiduel disponible peut, par précaution ou par nécessité (renflouer les entreprises en difficulté), être prioritairement réintroduit dans la masse financière.

l'entreprise (F2)

L'entreprise est un intermédiaire entre le consommateur et le travailleur. Ce dernier est un personnage ambigu qui a le double jeu alternatif de producteur, parce que travailleur au service de l'entreprise, et celui d'acheteur, comme on l'a vu. L'entreprise « investit » dans la production et la distribution sur les marchés de marchandises et services en achetant tout ce qui existe dans ce sens et en innovant pour inciter à l'achat : stratégie de l'offre qui complète la stratégie de la demande[34] comme l'a défini J.M. Keynes. Elle fournit des résultats augmentés de plus-values grâce au travail de ses employés. Mais pas en totalité : un « nœud de traitement de l'information » introduit des variables et paramètres qui modifient les valeurs, dans la circulation monétaire. Ce sont les forces et impulsions nouvelles, les plus-values. Si les résultats du traitement sont positifs, ils l'accélèrent ou, s'ils sont négatifs, ils la freinent.

---

[34] Accentuée également par le crédit fourni par l'acteur financier

Il en est ainsi des prix qui évaluent et augmentent ces valeurs produites. C'était en priorité la valeur travail qui était à l'origine de cette augmentation. Mais d'autres valeurs-produits plus performants viennent se superposer, plus chers, ou simplement des améliorations organisationnelles, ainsi que des automatismes et autres économies d'échelles qui diminuent le travail nécessaire, en les remplaçant par des gains de temps, dits gains de productivité. Etant entendu que ce traitement n'est efficace que si le résultat final de ces mouvements, de ces investissements, toutes entreprises réunies est positif. Les plus-values finales sont redirigées vers deux secteurs sociaux : vers les employés, quantitativement sous forme de nombre d'embauches, ou qualitativement sous forme d'augmentation des salaires. Ou vers les entrepreneurs. Elles récompensent alors la prise de risque (spéculation) que suppose au départ l'acte d'entreprendre par l'apport de capitaux. L'intérêt de ces actions est donc double dans un contexte de libre entreprise puisqu'une partie des résultats financiers peut revenir ainsi multipliée aux apporteurs de capitaux. Un de nos récents présidents de la République, a estimé que l'argent gagné par l'entreprise devrait être partagé en trois parts égales, 1/3 en salaires, 1/3 distribué aux actionnaires, et 1/3 à l'Etat sous forme de taxes et impôts. Bien entendu cette répartition est totalement arbitraire. Elle n'intègre pas la liberté de l'entreprise dans un système de distribution des résultats soumise à la volonté de ses dirigeants. Quand on comptabilise la totalité des résultats nets des activités de toutes les entreprises, déduction faites des plus-values redistribuées, et des impôts, on obtient la valeur de ce qui peut être injecté dans la circulation monétaire. Si elles sont en augmentation, la tendance est à la croissance. Le plus significatif étant l'augmentation éventuelle du salariat. Le plus négatif étant la redirection totale vers le patronat et les actionnaires. Il est évident que s'il s'agit de petites entreprises ou d'artisans, la redistribution éventuelle se faisant sans intermédiaires, l'effet croissance, de cet autofinancement, est plus sûr parce que plus direct[35].

Le financier (F 3)

A la lumière de ce qui a été dit sur le rôle paradoxal de l'argent, on peut dire qu'en tant que système, l'argent financier existait en germe dès la création de l'argent lui-même. C'est un déviant qui n'est apparu qu'après un certain temps d'utilisation[36]. Il apporte de l'argent sous forme de prêts, le plus souvent. Quelques fois sous forme de dons en capital pour la création ou le développement des entreprises. La banque participe aux ressources de l'Etat sous formes de taxes et impôts en tant qu'entreprise commerciale. L'impulsion donnée par l'introduction dans la circulation monétaire de nouvelles liquidités est directement liée aux intérêts qui sont demandés aux particuliers, aux entreprises et, éventuellement à l'Etat. L'intérêt prend ainsi tout son sens. Mais il n'a pas recours au travail, la finance ayant cette propre ressource en interne, quand elle traite l'information. Ce retraitement des valeurs se manifeste aussi par les taux d'intérêts financiers en augmentation, qui ont également un effet de levier selon

---

[35] Contrairement à ce qu'on croit généralement, les grandes surfaces n'ont pas été un facteur de croissance économique, au contraire en détruisant des emplois par gain de productivité, elles ont contribué à son freinage.

[36] Marx l'a distingué de la valeur d'usage.

leur importance, réinjectés et indexés dans le temps. Qu'on le dénigre ou pas, le rôle de prêteur est indéniable dans l'augmentation de la masse monétaire en mouvement. Il permet l'achat immédiat et de ce fait introduit une possibilité de croissance par l'impulsion donnée. C'est une façon de créer de la monnaie, parfois de façon excessive, qui se superposant à l'augmentation des prix accroit le phénomène inflationniste. Ce rôle était négligeable avant les années 1950. Il est devenu primordial dans l'achat immobilier et dans le domaine des produits semi-durables forcément chers tels que l'automobile. Plus récemment le crédit à la consommation est devenu un facteur d'expansion indiscutable. Controversés par les écologistes parce qu'il s'agit le plus souvent de produits matériels qui sollicitent de plus en plus de besoins en énergie, ces échanges se transportent de plus en plus vers tous pays, à la recherche de débouchés.

l'Etat (B)

C'est le seul acteur dont l'intérêt n'est pas spéculatif, si ce terme est pris dans son sens péjoratif, puisqu'il agit normalement dans l'intention de fournir des services à la population dont il est issu, par l'entretien et l'amélioration des structures matérielles et par la satisfaction infinie de la protection organisationnelle de la société dans laquelle il vit. Il en est ainsi pour sa santé et son-bien être. Sans rentrées d'argent suffisantes le solde budgétaire est déséquilibré, mais peu importe, du moins dans l'immédiat, si les dépenses injectent des suppléments de valeurs dans la circulation monétaire[37]. L'Etat, s'il est créateur, indépendant de la monnaie peut en contrôler l'usage et l'importance par l'impôt et le contrôle des masses salariales distribuées (aides et allocations diverses). C'est lui qui peut stimuler la demande en redistribuant ce qu'il reçoit, sous forme d'allocations diverses, mais dans un deuxième temps. Toutefois, c'est l'impulsion donnée au flux monétaire par ses investissements directs (grands travaux) et les salaires des fonctionnaires, qui est efficace puisque ces effets sont immédiats. Ce principe est celui des keynésiens qui donnent toute son importance à la dépense, l'énergie qui fait alimente et fait avancer l'activité. Malgré la règle constitutionnelle française et européenne qui consiste à établir au plus près l'équilibre de ses rentrées avec ses dépenses, l'Etat emprunte pour combler le « trou » éventuel de ce déficit. Etant normalement à l'origine de la création monétaire, il peut insuffler n'importe quel montant pour contribuer à donner des impulsions à la vitesse de circulation monétaire ou au moins compenser une éventuelle décélération. *Sa responsabilité dans ce cas est totale.* Cet effet s'il ne tient pas compte des ressources immédiates compensatrices, donc s'il accepte le déséquilibre budgétaire évoqué plus haut est primordial[38]. Les rentrées, impôts et taxes[39], ne viennent qu'en complément, pour modérer l'importance des dépenses, sachant que la plupart des prélèvements sont sortis de la

---

[37] Si les dettes d'Etat ont pour origine des investissements, ou même des allocations directes à la population, elles peuvent se résorber à terme grâce à la croissance qu'ils génèrent.

[38] Mais source d'inflation, il a été abandonné pour le plus grand bien des organismes prêteurs.

[39] Avec parfois un effet associé, celui de freiner les excès de dépenses nocives pour l'environnement.

circulation monétaire même, pour être ensuite réinjectés. Toutefois s'agissant de taxes, il peut freiner ou orienter certains achats de produits par augmentation du prix final[40]. Théoriquement, le déficit peut être considéré comme acceptable s'il est financé[41] : servir la population en priorité a un coût. Le faire au plus tôt permet d'activer la croissance. Prendre d'un côté le rendre de l'autre a un intérêt, ce mot prenant toute sa signification, qui est celui de la redistribution ciblée quand il s'agit d'allocations ou de remboursements de compensations à des dépenses de santé. Si cet argent est réinvesti dans des secteurs innovateurs, il accélère encore plus l'activité en question, et reçoit plus rapidement les effets de retraitement en sa faveur (multiplicateur budgétaire). L'Etat pouvant être lui-même producteur ou financier (prêteur) et re-distributeur, le retraitement de ses ressources a également un effet positif puisqu'il reçoit en retour des rentrées par les impôts. C'est pourquoi J.M Keynes a préconisé à F.D.Roosevelt de donner la priorité aux dépenses de l'Etat à la suite de la crise de 1929, période de décélération, sans trop se préoccuper des éventuels déficits. En préconisant par exemple des grands travaux. Ce sont des investissements efficaces dans la mesure où, employant de la main d'œuvre, ils augmentent des revenus, donc sortiront des impôts par la suite.

---

[40] La « vignette », taxe qui a, pendant quelques années, freiné l'achat de voitures puissantes, soi-disant pour aider les « vieux » a été créée en 1956. Elle a été abandonnée en 2000.
[41] Devenu structurel, c'est-à -dire permanent, il finit par bloquer la croissance par la nécessité, constitutionnelle, si le gouvernement le décide, de le combler en le finançant par l'augmentation des prélèvements et non plus par la fabrication monétaire.

LES MARCHES et les CAPITALISMES
Capitalisme productif

Le capitalisme productif est né en même temps que les moteurs à vapeur au 18 e siècle (Denis Papin). Outils qui ont permis la production rapide et en grande quantité de produits auparavant artisanaux. Ces nouveaux ateliers étaient toutefois cantonnés dans les milieux miniers pour être proches du charbon, énergie nécessaire à ces moteurs. Leur territoire était limité. Mais au début du 19e siècle, les moteurs électriques, plus petits et plus faciles à alimenter et à implanter géographiquement, suivis par les moteurs à explosion plus puissants, ont permis l'essor du capitalisme par cumul des richesses monétaires dues au gain de temps dans la production quel qu'en était le lieu de fabrication[42]. Les machines à tisser ont été parmi les premières parties prenantes avec les conséquences désastreuses sur l'emploi artisanal que l'on connait. Les usines, se sont multipliées en Amérique du nord, et dans les trois pays européens, Allemagne, Gde Bretagne, France changeant leur économie grâce à leurs nouvelles ressources énergétiques. Mais, poussé par les différents intérêts qui animent les acteurs de l'Economie, le capitalisme cumulé dépasse les niveaux des valeurs de production nécessaires à sa survie en réinjectant en permanence des suppléments de valeurs dans le système productif. Avec la force de l'outil argent il a pu étendre le domaine d'échanges. Les marchés locaux sont devenus nationaux et internationaux. Ce qui explique l'existence des grandes entreprises des multinationales par augmentation sur le long terme de ces puissances de production et l'extension de ces parts de marchés.

---

[42] L'arrivée des tracteurs et machines agricoles aux U.S.A, ont joué un rôle important dans la crise de 1929.

La possibilité de les transmettre dans des environnements moins contraignants, de plus en plus lointains, permettent de réinvestir les valeurs réalisées au fur et à mesure des transactions toujours plus éloignées dans le temps et dans l'espace. Le chiffrage monétaire, toujours conventionnel, donc garanti obligatoirement par la force publique, libérait cette production devenue de plus en plus intensive. Ceux qui étaient propriétaires des territoires, lieux de production, transmis par héritage, ou achetés depuis des siècles, ne se heurtaient qu'à la concurrence d'autres propriétaires-producteurs. On a prolongé sous une forme monnayée, l'équivalent des surplus que réclamaient les seigneurs propriétaires aux paysans producteurs ainsi exploités. L'exploitation du paysan et ouvrier en faveur du patron, a cette origine archaïque, transmise par l'argent depuis sa création jusqu'à notre époque. C'est toujours le même système. Le code du travail n'est là que pour atténuer les effets néfastes de ces liens de subordination.

Capitalisme financier et effet de levier.

Tout outil pour être le plus efficace possible, transmet une force qui augmente grâce à un effet de levier. Soit en raccourcissant le temps nécessaire pour transformer un produit issu d'un état en un autre état. Soit en procurant un gain d'espace. Souvent avec ces deux effets. Il en résulte parfois un fort gain de valeur relativement au produit d'origine. Il en était déjà ainsi de la charrue qui utilisait la force du bœuf et le soc, tous deux outils qui augmentaient le rendement des récoltes par l'augmentation de la surface ensemencée. Gain d'espace et de temps du travail dont c'est la définition. Tout système exige pour au moins maintenir sa production, un apport permanent de la force qui l'anime Toute force supplémentaire à cette force de maintien, augmentant les valeurs produites, peut ainsi les cumuler. C'est un réemploi de la valeur marginale produite (plus-value dit également bénéfice en langage comptable) qui peut ainsi maintenir ou augmenter en permanence la production. L'impulsion que donne l'argent, sa puissance, car dépositaire passager de toute valeur, quand il *s'investit* dans le système productif, est vitale dans un processus gagnant-gagnant. Les différentes façons de traiter les informations-forces, c'est-à-dire de modifier le parcours et la vitesse des valeurs qui lui parviennent sont liées aux positions occupées par les responsables qui ont acquis ce droit dans la société. Ce parcours monétaire peut se comparer à une course de relais ayant quatre lieux d'échanges, comme on l'a vu avec les 4 acteurs de la figure 1. Depuis qu'il existe, l'élan vital pousse l'homme, à *progresser*, par son travail pour le meilleur et pour le pire. C'est le déterminisme de croissance de la nature[43]. Si à l'origine c'était son instinct de survie qui l'incitait à travailler, il a été depuis transformé par sa cupidité, grâce ou à cause de l'argent. De plus en plus de naissances, et de plus en plus de richesses produites pour des améliorations de nouveaux besoins à satisfaire : le modernisme est une incitation entretenue par les producteurs, devenu la loi de sa condition humaine. *C'est en quelque sorte un déviant du système vie en société.*

---

[43] Aspect darwinien de l'activité humaine. Mais limité en temps qu'espèce jusqu'à un certain équilibre.

L'économie est fille de l'activité humaine. L'Economie réelle est la production vendue, sur les marchés, prise dans le sens large, c'est-à-dire, tout ce qui s'achète. Comme il n'est plus possible de se passer de cette monnaie qui depuis des siècles court partout dans le monde, il faudrait au moins la contrôler (chapitre « Renverser la table »), comme tout outil manié par l'homme.

Le capitalisme financier est un avatar du capitalisme productif et de la circulation monétaire. Un effet secondaire du système qui n'apparait pas à ses débuts car il n'est significatif que par cumul, et donne à la force centrifuge distributive (figure 2) de plus en plus de puissance. Richesses mal distribuée parce que retraitée par trois des acteurs qui ont la possibilité de le faire en priorité chacun pour lui-même. Ce capitalisme n'est apparu qu'à partir d'un certain niveau de richesse détenue par les patrons des usines dès le début de l'industrialisation. C'est l'importance des masses monétaires qui ont créé le capitalisme financier. Les banques se sont introduites dans le système monétaire. En particulier au moment de la création des Bourses, au 19 e siècle, qui rassemblaient les investisseurs-spéculateurs pour les grands projets de développements industriels. Là se situe le temple de la spéculation, qui devient prédatrice selon les objectifs du réemploi des gains qu'elle produit. Par exemple, lors d'OPA (Offre publique d'achats) qui permet d'augmenter la taille des entreprises, avec restructurations et absorption souvent préjudiciables à une partie des employés devenus surplus. On bascule ainsi les surplus financiers en surplus de main d'œuvre. Ce qui explique le chômage structurel. A moins que des investissements supplémentaires viennent réutiliser les plus-values dans un cycle propice aux yeux des décideurs. C'est-à-dire dans un climat de confiance et d'innovations. (ch.Comment renverser la table).

Les banques qui contrôlent la circulation monétaire en ont **profité** pour utiliser une partie des flux qui passaient dans leurs comptes, en prêtant de l'argent à court terme, dans un premier temps, pour des biens semi-durables, ou durables, encore trop chers pour ceux dont les revenus sont insuffisants pour un achat comptant[44]. Il faut noter que les prêts aux particuliers se sont généralisés seulement après la dernière guerre. Les entrepreneurs peuvent acquérir des outils qui devraient leur permettre de rembourser plus rapidement leurs emprunts et d'engranger des bénéfices supplémentaires. Ce sont des investissements spéculatifs[45] qui peuvent être efficaces, s'agissant d'avenir « prometteur », si ce « retour sur investissement » est rapide. Le système économique en période de croissance de production accentuait la vitesse de circulation des masses monétaires, elles-mêmes en progression, car alimentées par les suppléments apportés des intérêts perçus. Le capitalisme financier génère à son tour des effets secondaires dus à son propre développement : les marchés produisent donc de la richesse qui augmente les marchés qui augmente les richesses dans un cycle permanent. Il augmente ainsi la richesse générale, en augmentant les échanges sur les marchés. Mais elle est le plus souvent mal distribuée si l'Etat n'intervient pas par ses aides et en cas d'absence ou

---

[44] Dans les années 50 le crédit pour une voiture ne dépassait pas 1 an. Dans les années 60 il était au maximum de 10 ans pour l'immobilier.
[45] Ce terme pris dans son sens étymologique de »voir devant », prévoir un avantage.

insuffisance de cotisations assises sur le travail, générateur de plus-values[46].

D'où la nécessité de maintenir ou augmenter **corrélativement** *le pouvoir d'achat faible et moyen, comme force économique principale directe susceptible d'équilibrer et réguler le système. Les inégalités sont reconnues comme étant à la base des difficultés économiques d'un pays. Ce type de relance est la plus efficace. A condition de ne pas se préoccuper outre mesure de l'inflation qui peut accompagner les augmentations des prix liées à l'activité en progrès, comme on va le voir (ch. Mythe et mystification des dettes souveraines).*

Surpuissance de l'argent

On voit sur la figure 2 que la monnaie circule en circuit presque fermé - dans le sens opposé aux produits fournis - l'acheteur les reçoit mais il donne l'argent au distributeur éventuel, qui le retransmet le plus souvent par étapes, selon le nombre d'intermédiaires, au producteur initial. Ce système, qui permet de transporter tout produit, matériel ou non, dans le système monétaire des marchés, est bien circulaire puisque c'est, sur le court terme, la même somme globale, la masse monétaire, passant d'un compte à l'autre, de la vente à l'achat, qui sert en permanence aux échanges des biens qui supportent la production : ce qui est acheté appelle une nouvelle demande qui est, au moins en grande partie, en permanence satisfaite par l'achat. Ces forces propulsées par

---

[46] On considèrera les salaires comme une forme d'investissements, et non comme des frais inutiles, des pertes de valeurs, aux yeux du patronat.

les acheteurs-vendeurs, subissent, comme on l'a vu, la loi de l'usure des systèmes en fonctionnement. Mais par récurrence dans un cercle presque fermé, ils s'auto-augmentent sous l'effet permanent des forces supplémentaires de compensation, et des investissements. Dans le meilleur des cas, un investissement a un effet de levier puisqu'il augmente la vitesse de circulation monétaire qui l'animent à chaque transit, grâce aux plus-values de différentes origines, avec un effet boule de neige à chaque étape de transformation. L'effet de levier, que procure tout outil, est ainsi dynamisé davantage par ce type mouvement parce qu'il est circulaire. Où l'on retrouve l'effet multiplicateur dynamique de la roue.

Certes, la puissance de l'argent existait du temps où il était représenté matériellement autrement que par des chiffres symboliques sur des billets et dans les rares comptes bancaires. Mais la richesse produite n'augmentait que progressivement, à une échelle réduite par le temps de transaction et le transport lent et difficile de sommes d'argent métalliques importantes qui lui étaient rattachées. Si l'on transpose ce système dans le domaine physico-géométrique, puisque l'argent se comporte comme un vecteur, la force « centrifuge », due à la rotation des forces d'achat en mouvements circulaires comme dans tout phénomène de ce type, va avoir tendance à dévier ces valeurs vers l'extérieur : effet centrifuge donc. L'équilibre peut être rompu entre les pressions de la force centripète et celle de la force centrifuge. Symboliquement, la paroi du système circulaire des échanges des produits pouvant alors être considérée comme poreuse, une partie des valeurs s'échappent vers l'entreprise, la finance, l'Etat et même hors frontières. La force de l'argent, qui est multipliée par la rotation, retourne, amplifiée par la nouvelle valeur des biens en transit, vers le producteur qui va augmenter sa production selon l'importance des achats.

Chaque valeur monétarisée sera « chargée » de recommencer le parcours. Celui-ci sera plus ou moins difficile et lent si de nombreuses entreprises intermédiaires se sont infiltrées pour participer à la distribution en prenant des parts de marché. La valeur nominale finale du produit sera augmentée au moins de la plus-value prise par chaque entreprise. Ces *sous-traitants* dont le nom montre bien qu'il s'agit de *traitements* de l'information, en l'occurrence le prix. Bien entendu ce n'est vrai que dans notre système libéral agissant paradoxalement, sous la dictature, inique, de l'offre et de la demande, elle-même due à la puissance de ceux qui ont l'argent et le droit de le traiter. Mais chaque traitement, entreprise par entreprise entre en concurrence avec d'autres producteurs pour répondre à la demande d'une catégorie de produits. C'est le résultat final de l'ensemble des traitements des entreprises qui sera pris en compte. Le PIB le chiffrerait, avec une certaine exactitude, si l'on tenait compte de la production réellement vendue, et non des seules déclarations officielles[47] fiscales. Cette redistribution, peut être en augmentation régulière sur le long terme.

---

[47] Le chiffre augmenté de la TVA et de la production souterraine donnerait des chiffres exacts de la masse monétaire circulante. La monétique généralisée permettrait d'éliminer le trafic souterrain, drogue, travail au noir, blanchiments et autres prédations. La possibilité récente de payer sans code, avec carte bancaire en dessous de 20 euros va dans ce sens.

L'accélération peut provenir de l'offre, par exemple quand les informations sur la qualité, le prix, la réputation, les perfectionnements transmis souvent par la publicité incitent à l'achat (figure 2). Ce sont ces effets psychologiques, connues par les économistes sous le nom de « stratégie de l'offre », qui entrent en ligne de compte pour propulser l'argent comme force complémentaire à celle de la demande traditionnelle de première nécessité. On explique ainsi que la volonté des différents acteurs qui appuie les décisions de passages à l'acte d'achat, la dépense globalisée, permet ou non *l'adhérence en quelque sorte physique, transposée psychologiquement par la* « **confiance** », *entre le mouvement circulaire de l'ensemble des marchés et le mouvement des échanges du système productif*[48]. L'entraînement de l'ensemble, l'accélération, ou la diminution de la vitesse de rotation dépendent de cette confiance. Cette volonté s'appuie sur les résultats des traitements des acteurs. Chaque acte d'achat est en quelque sorte à la fois une acquisition dans le présent et un investissement spéculatif, c'est-à-dire une propulsion vers un résultat plus ou moins probable, seulement consolidé à terme. La confiance des 4 acteurs explique alors leurs comportements qui, pour être efficace, doivent être réciproques.

La confiance ne se décrète pas, elle s'inspire à partir de résultats concrets permanents. On explique le parcours des entreprises qui grossissent jusqu'à devenir multinationales par le simple apport de l'augmentation de leur puissance de production, elle-même due à la confiance

---

[48] Voir également la figure 3 : transfert sur la force « rectiligne » de production, de l'effet du mouvement « circulaire » monétaire.

des acheteurs dans les produits et dans leur pérennité. Elle permet d'anticiper et d'investir dans une nouvelle production.

Encadré N° 3
De la logique en économie

Après avoir pris connaissance des *informations* sur l'inefficacité de son travail, fournie par ses *sens*, le singe qui a pris une pierre trop petite pour casser une noix de coco, modifie son « système-outil » en prenant une pierre plus grosse. Après avoir réfléchi les forces physiques thermiques qui lui viennent de l'extérieur, il a **réfléchi** mentalement à leurs utilisations grâce à la perception de ses sens. La réflexion d'origine physique est devenue cérébrale. Elle brûle également des calories.

L'homme, comme tout animal, se rend compte de façon expérimentale de l'efficacité de ses actions à l'aide de ses sens. Il peut l'augmenter en rectifiant ou en choisissant un meilleur outil. Après essais-erreurs, qui sont autant de *réflexions*, il peut vaincre des obstacles. Il *recherche (Invente)* des outils pour se nourrir et *réfléchit* au *meilleur moyen* d'augmenter les résultats de son travail avec les forces physiques et mentales dont il dispose. Grâce à l'invention permanente de nouveaux outils, l'homme a ainsi augmenté, *volontairement*, depuis des millions d'années, ses possibilités d'adaptation et d'amélioration existentielle en même temps que son niveau de compréhension. Il peut distinguer, apprécier, comparer les valeurs à produire, matérielles et spirituelles qui l'intéressent pour

---

progresser dans le sens qu'il a choisi. L'Economie, qui traduit cette activité, est mécanisée par le travail, et suit la logique du progrès de sa condition humaine.

Cet aspect logique est fondamental dans le *traitement des informations,* valeurs à transmettre dans les réseaux du système économique conditionnant les interventions des 4 acteurs de la figure 1. Comportement déterminé par le niveau de **confiance** avant la prise de risques des *investissements* - recherche du meilleur rendement pour le producteur et de l'appréciation suffisante de la valeur des produits pour l'acheteur. (figure 2). La spéculation prend ici son sens premier de recherche d'un futur, espéré meilleur.

On voit que l'argent par sa seule circulation a acquis une puissance intrinsèque qui permet l'augmentation permanente des biens, matériels[49] et spirituels, par autoreproduction monétaire qui cumule les richesses.

Les entreprises se développent plus facilement si les plus-values sont réintégrées en interne comme force supplémentaire (autofinancement). Il suffit, par exemple, que les produits soient vendus de plus en plus chers. D'où l'inflation, due à l'augmentation de la masse monétaire, préjudiciable d'abord aux prêteurs (chapitre «Mythe et mystification des dettes souveraines ») : les remboursements étant calculés à la valeur nominale de l'argent du moment. Ce qui explique la pression permanente des acteurs concernés (l'Entreprise et la

---

[49] Sous réserve de ressources suffisantes, et de contrôle de ses effets secondaires, les déchets, s'il s'agit de certains biens matériels.

finance) pour diminuer le plus possible la croissance qui chiffre le niveau des taux d'intérêts, chargés de compenser les pertes de pouvoir d'achat en valeurs nominales. Ces plus-values peuvent être dues à une meilleure organisation interne[50], et à des gains de productivité dus à un meilleur rendement des salariés (productivité horaire). Le produit lui-même a peut-être subi des transformations économisant les coûts de fabrication, qui permettent également une augmentation des marges de l'entreprise. Ce nouveau surplus, qui est décidé par le producteur, n'est plus lié à la valeur du travail primaire, mais à la valeur purement financière de l'argent qui s'autoalimente en même temps que les valeurs marchandes échangées.

---

[50] En particulier grâce à l'automatisme dus aux ordinateurs.

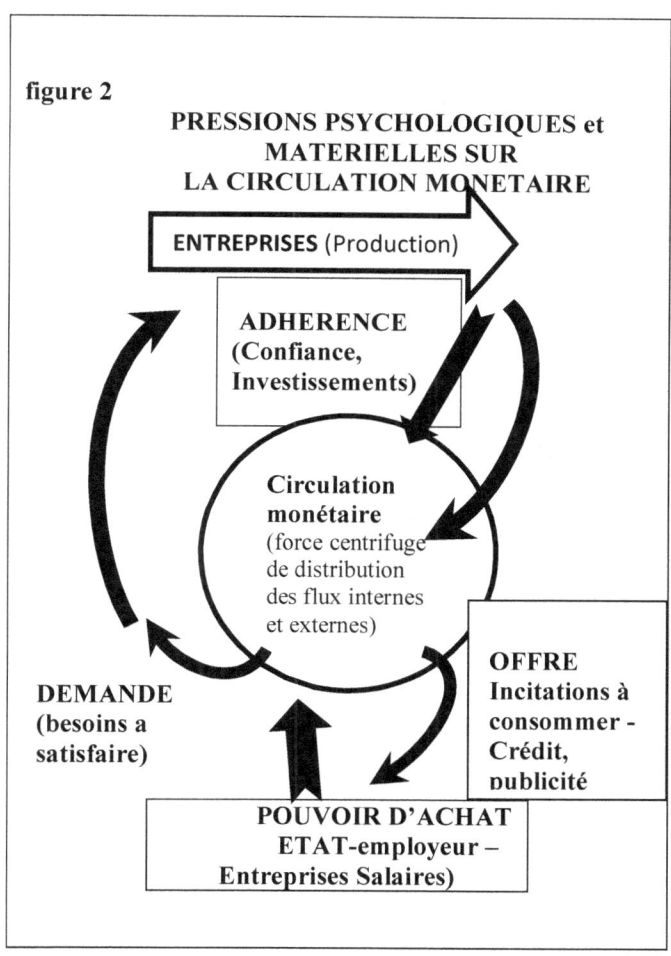

figure 2

PRESSIONS PSYCHOLOGIQUES et MATERIELLES SUR LA CIRCULATION MONETAIRE

ENTREPRISES (Production)

ADHERENCE (Confiance, Investissements)

Circulation monétaire (force centrifuge de distribution des flux internes et externes)

OFFRE Incitations à consommer - Crédit, publicité

DEMANDE (besoins a satisfaire)

POUVOIR D'ACHAT ETAT-employeur – Entreprises Salaires)

Effets psychologiques sur la circulation monétaire

Les crises de sous ou surproduction surviennent lors d'un déséquilibre entre le niveau d'absence de réciprocité de *confiance* entre la population des acheteurs et celle des producteurs. Elle dépend des facteurs psychologiques qui proviennent de la satisfaction des acheteurs, selon la réponse à leur demande de qualité et de quantité de la production fournie sur le long terme. Le prix des produits qui varient avec le temps, n'étant plus alors le seul critère pris en compte. La figure 2 fait état de cette confiance en la présentant sous forme d'adhérence, on peut dire physique, s'agissant de forces liées, traduisant ainsi matérialisé, le sens figuré, psychologique, évoqué précédemment. Elle accompagne en permanence la monnaie dans tous ses états. A cause de cette valeur psychologique, si l'adhésion est insuffisante, il y a glissements entre le mouvement circulaire et le mouvement productif, qui provoquent les crises de production (chapitre « Et l'emploi »). Grâce à cette représentation du système économique on démontre que l'Economie est un ensemble qui mélange ces deux aspects physique et psychologique de l'activité économique, réunis, comme on l'a vu, sous l'expression commune d' « informations » en mouvement. En particulier on voit comment réagit le système productif lié à l'homme par le travail (figure 3) : la circulation monétaire est celle qui est à la base de l'emploi, ce qu'on oublie généralement quand on considère, aveuglé par le sens que donne le pouvoir patronal à l'embauche, quand le « patronat » dit que l'entreprise « crée » l'emploi. Abus de langage dont elle nous imprègne de plus en plus. Alors qu'elle n'est qu'une conséquence du droit de propriété du travail productif, qui a lié depuis la féodalité, les acteurs de l'ensemble psychologique « demande-incitation », dans un sens favorable au propriétaire-producteur. Les acteurs de la production ayant autant besoin les uns des autres, on ne pourrait parler de création que d'argent, celle de l'Etat ou de la finance. Créer une entreprise s'accompagne d'embauches le plus souvent. C'est l'outil l'intermédiaire imaginé par l'homme et le travail. Là peut se situer la véritable création, se glisser entre le producteur et le consommateur. Le besoin n'existe pas en soi, c'est l'aspect artificiel de la stratégie de l'offre, qui est marginale On peut aussi l'appeler la modernisation.

Les possibilités de satisfaire la demande resteront toujours aléatoires car définies par la volonté de la masse des acheteurs, laquelle est dépendante de leur pouvoir d'achat actuel mais surtout futur, donc toujours de la confiance, en particulier s'il s'agit de crédit. Cet aspect psychologique du comportement des populations, (figure 2 et encadré 2), est *l'élément incontournable de l'économie qui détermine le passage à l'acte d'achat.*

L'activité d'un pays varie et peut ralentir, sans toutefois disparaître, car elle ne peut pas dépérir totalement tant qu'il y a des hommes qui y vivent. On a vu qu'investir c'est spéculer, c'est-à-dire espérer un retour supplémentaire de valeur grâce à un effet de levier. Il y a un risque permanent que l'effet de levier-argent soit inopérant par absence de plus-values suffisantes dues à son mauvais usage. Ou la présence d'obstacles imprévus sur les chemins des systèmes en action. Ce qui peut conduire à leur perte.

S'installer comme simple artisan, ou autoentrepreneur, c'est spéculer en espérant obtenir un avantage, tous comptes faits, de son travail. Mais les résultats sont incertains. Tout acte d'achat peut être considéré comme spéculatif car risqué[51] : tant que

---

[51] Illustré par La Fontaine dans « Perrette et son pot au lait »

l'acheteur n'a pas pris possession du bien il ne peut en apprécier totalement la valeur. Même à petite échelle, le prix ne suffit pas à connaître la qualité d'un produit, la satisfaction dépendant d'une évaluation subjective. (voir le chapitre « l'argent suspect »).

Si cela dépend du *bon ou mauvais usage de l'argent réinvesti le risque est lié à son volume en rapport avec les moyens dont dispose l'acheteur*. Là aussi la *confiance* a permis d'assurer une forte probabilité de résultats conformes aux prévisions et à l'expérience : elle permet la décision la moins périlleuse possible. Cet aspect volontariste, psychologique, influence l'Economie en général. Il a été mis en avant par J.M. Keynes, qui a admis que le seul aspect mathématique était insuffisant pour donner une valeur sûre aux chiffres et statistiques.

Bien utilisé cet argent-outil, rapporte un supplément de liquidités qui peut se répercuter de systèmes en systèmes liés, dans une réaction en chaîne qui développe l'activité. S'il permet une certaine redistribution sous forme de salaires ou d'allocations sociétales, si cette redistribution est intégralement dépensée, la production augmente et développe l'Economie à tous niveaux[52]. Le développement d'un pays est ainsi tributaire de cet Etat dit « providence » pourtant souvent décrié. La décision politique qui va dans ce sens a une origine psycho-économique qui va dans le sens du progrès de la condition

---

[52] Il faut toutefois exclure les dépenses d'origine secondaire du système, c'est-à-dire l'usure intrinsèque de l'argent qui circule, qui ne serait pas compensée par un réajustement de valeur des biens qu'il représente. Par exemple l'obsolescence et la destruction d'armements.

humaine, comme l'ont voulu ceux du Conseil national de la Résistance (CNR 1.945).

En France, la disparition des octrois[53] comme frontières internes aux villes, enclenchait un besoin de masse monétaire   de plus en plus importante, pour alimenter les nouveaux marchés. Dans ces conditions la quantité de fabrication métallique déjà, depuis l'échec des assignats, ne pouvait suivre que difficilement les besoins des échanges sur des marchés en expansion.   Les billets représentant les mêmes valeurs chiffrées mais plus légers devenait de plus en plus un substitut. L'augmentation des marchés est inéluctable pour répondre à la nécessité pour l'homme de satisfaire autant que possible ses besoins essentiels, mais améliorés en confort matériel et moral. Cette expansion est d'autant plus intéressante pour l'économie que la production extensive, depuis la révolution industrielle, permet des économies d'échelle. Toujours pour faciliter la vitesse de la circulation monétaire, l'argent devient de plus en plus scriptural, augurant la disparition totale des espèces et son remplacement à terme, par un système monétique entièrement informatisé pour tous les achats. Ce système de forces circulaires a la puissance extraordinaire de transmettre l'énergie *disponible* sur notre planète et d'obtenir ainsi des produits en grande quantité, utiles à notre vie en société. Produits qui accumulés et renforcés par de nouveaux outils servent l'homme depuis qu'il est sur terre. Ce « progressisme »

---

[53] Douane à l'entrée des villes. Disparue une peu avant 1939. Monument historique sur la place Stalignrad, Paris 19 e

matériel[54] conduit inéluctablement au superflu pour certaines catégories de la population. Ce qui lui est reproché quand il y a excès. La thèse du « ruissellement » ne peut se soutenir[55] d'autant plus qu'une partie de la masse monétaire n'est pas distribuée.

L'inutilité d'une partie de la production, celle qui ne correspond plus à de vrais besoins, n'est sensible que sur le long terme. Elle ne se maintient ou n'augmente que si la demande de biens est elle-même entretenue par une démographie au moins constante, et si le marché est suffisamment alimenté en monnaie disponible. On a aussi l'explication de la disparition relative de la valeur travail : dès qu'il y a échanges monétarisés, il ne sert plus en tant que tel qu'à gonfler une bulle financière, de plus en plus grossie par l'entraînement cyclique. Comparée à sa valeur unitaire de départ, ce que Marx a appelé la valeur d'usage, est devenue minime par rapport à la richesse accumulée au fil du temps par l'enchaînement du double système, du résultat du travail et de ce qu'il produit, qui à son tour nourrit les flux monétaires. Ce qui indique que le travail dont provient le bien produit à la source, est spolié deux fois dès qu'il est marchandisé. Par la plus-value produite par le « surtravail », comme l'a défini également Marx, et, c'est un des points essentiels de cet ouvrage, *par l'argent lui-même*.

---

[54] Matérialisme historique, qui ne tient pas compte des progrès dans le domaine des services, dont la protection sanitaire.

[55] Théorie libérale qui estimait que l'argent que dépensaient des riches, finissait par parvenir aux pauvres, dans une économie fermée. Ce qui ne tenait pas compte de l'épargne.

L'acte d'achat d'un produit, est un force qui ne peut être prise en considération, pour établir de bonnes relations entre l'emploi et la finance, que par l'Etat : les salariés, pourtant premiers animateurs de l'Economie, n'étant ni producteurs, ni marchands, ni financiers n'ont pas de prise *directe* sur son fonctionnement. C'est pourquoi le keynésianisme maintient la nécessité pour l'Etat d'intervenir, tout en maintenant ses propres dépenses, pour contrôler les deux autres masses monétaires, celle du salariat, et celle de la finance[56]. La redistribution harmonieuse des richesses n'est rendue possible que si ces deux masses de monnaies tout en fonctionnant séparément, le font de façon équilibrée. Rappelons que tous les systèmes et sous-systèmes économiques sont liés dans le réseau général monétaire. Sous entendant, les intérêts de chacun ne doivent pas prélever de plus-values de façon excessive, au détriment des autres, lors du passage des flux dans leurs comptes. La spéculation qui veut ignorer cette dépendance peut être prédatrice aussi bien pour son auteur – risque de perte - que pour autrui. Elle prend alors un sens péjoratif.

Par exemple, les taux d'intérêt font l'objet de beaucoup d'attention de la part des financiers, puisque qu'ils soutiennent, avec leurs prêts, le pouvoir d'achat comptant insuffisant d'une partie de la population. On le voit sur la figure 1 en F 3. Mais des pressions excessives, recherche du maximum d'intérêt de leur part, - la cupidité a

---

[56] Les trois intervenants dans ce système forment trois systèmes liés comme trois fils appelés nœud gordien. Impossible à résoudre, donc à harmoniser, si l'on n'agit que sur un seul fil on ressert les deux autres. Le trancher est la solution.

dit Joseph Stieglitz - sont fréquentes, avec ce que cela suppose de risque d'éclatement, aboutissant à des baisses de liquidités dans le réseau de « tuyauterie » dans laquelle les liquidités circulent. D'où le filtrage nécessaire à tous niveaux, externe et interne, pour surveiller le cumul, considéré comme acceptable, en instaurant une monnaie interne spécifique à la finance, par exemple l'Ecu pour la France (Chapitre « Comment renverser la table » « deuxième mesure »). Dans ce cas, l'Etat pourrait intervenir en bloquant en partie les liquidités financières, en excès pour éviter l'éclatement dû à un gonflement excessif d'une masse monétaire dans un « tuyau ».

Malgré les aléas précédents, la croissance restera la seule source de richesses, qu'il suffirait de bien partager pour que l'emploi nécessaire à la production, qui, insistons sur cet aspect relativement récent de l'Economie d'un pays avancé, est de plus en plus axée sur des biens immatériels. Pour que l'emploi se maintienne et progresse jusqu'à son niveau maximum que l'on rencontre quelquefois dans l'histoire des nations, il faudra un rythme de croissance en augmentation permanente (figure 3)[57]. Les trois acteurs précédents, fabriquent chacun à leur niveau l'argent nécessaire, en fait soutiré de la population des acheteurs par l'augmentation des prix des producteurs et distributeurs, par l'intérêt dû aux banques, et par l'augmentation des liquidités de l'Etat selon ses besoins de dépenses budgétaires.

---

[57] Cas des « trente glorieuses » en France des années 60 à 70.

FINANCE : MYTHE ET MYSTIFICATIONS

L'argent est virtuel, irréel, depuis qu'il circule de plus en plus, sous forme scripturale. On a vu que, sous sa forme matérielle, il a progressivement permis de créer des marchés éloignés des lieux de la production individuelle, en transmettant avec les biens à échanger, leurs valeurs travail. Depuis que les pays, qui se sont industrialisés, au 19 e siècle, ont fabriqué de nouveaux produits, en quantités importantes, cette Economie de marché s'est profondément amplifiée. D'où une forte circulation monétaire dans ces mêmes pays. En particulier l'or qui en était la référence, était rare. Il fallait donc progressivement le remplacer les pièces par des billets, ce qui a commencé à se faire au 18 e siècle. Toujours pour les mêmes raisons pratiques, on inscrivait parfois ces sommes dans des comptes bancaires pour les entreprises. Depuis des siècles, les banques servaient, d'intermédiaires pour la circulation de cette monnaie quand le porteur était lui-même éloigné (lettre de change). Cette solution technique s'est généralisée ensuite pour les petits comptes. Il est maintenant courant de payer par carte ou chèques et virements. Le crédit qui s'est généralisé après la dernière guerre a accentué la disparition progressive de la monnaie matérielle.

L'origine des dettes souveraines est financièrement la même que celle des entreprises et des particuliers : il s'agit d'un manque d'argent, trop dépensé par rapport à ses moyens. Ce manque de provision, est ce que les comptables appellent un « déficit » que ne parviennent pas «à financer », c'est-à-dire à compenser les rentrées d'argent normales dans les caisses, issues des taxes et impôts courants s'il s'agit de l'Etat. Ce déficit doit alors être *provisionné* par une autre source. Pour cela[58], avant la loi de janvier 1973 qui l'a totalement interdit, l'Etat fabriquait les sommes nécessaires. C'était un droit régalien. Les sommes manquantes étaient simplement notées dans les bilans des comptes officiels et *financés* par la Banque de France, chargée de la fabrication de la monnaie, sur la demande du Trésor public. L'argent manquant nécessaire, était ainsi aussitôt fourni, mais avec l'aval des parlementaires. Créer l'argent manquant, est appelé, par dérision, faire marcher la « planche à billets ». La masse monétaire s'en ressent rapidement par une circulation accélérée.

Ces « trous »peuvent donc apparaître, dès que l'Etat a besoin de dépenser plus d'argent qu'il ne reçoit. Ces dépenses sont souvent impossibles à éviter pour répondre à ce qu'il est censé assumer pour le bien du pays. Par exemple pour se défendre et préparer une guerre. Ou en temps de paix, créer des routes, des hôpitaux, des écoles, les entretenir, distribuer des allocations, etc. dépenses qui sont considérées comme des investissements profitables par ce qu'ils rapportent en améliorations pour la vie quotidienne du pays[59]. Quelques fois, l'Etat en lançant des grands emprunts dans la population, s'endettait sur le long terme, toujours pour investir, ce qui, comme tout

---

[58] Pour le lecteur qui n'a aucune notion de comptabilité, un déficit indique un manque d'argent, une impossibilité de payer parce que les « rentrées » habituelles n'ont pas lieu au moment voulu. Comme le disent quelquefois les ministres responsables du budget, les caisses sont vides.

[59] Une population en bonne santé travaille mieux. Donc rapporte plus, indirectement, aux entreprises.

emprunt bancaire, était considéré comme l'origine de l'inflation. Alors que, ce n'est que le signe, avant tout, d'un déficit. Comme on va le voir, l'inflation n'a rien d'obligatoire. La dette souveraine qui correspond à ces emprunts, sera vue comme un signal, un simple jeu d'écriture, indiquant des dépenses qui déséquilibrent les comptes.

En temps normal, les échanges marchands continuent à augmenter en même temps que se développe la quantité des sommes en circulation. Le volume de cette circulation monétaire, peut progresser pour des raisons démographiques[60]. Dans ce cas, davantage de bouches à nourrir, davantage de salaires à payer, donc d'acheteurs, qui vont entraîner davantage de production sur les marchés, dans une boucle permanente allant de la production à la consommation [61]et vice-versa. En revanche, si le nombre de la population est resté stable, cette expansion monétaire peut provenir de l'augmentation des revenus de la population.

Dans ce cas, la circulation monétaire, entraînée mécaniquement par le nombre des transactions, a

---

[60] Elle a été très rapide en France après le retour des prisonniers de guerre, et des travailleurs déportés en Allemagne (STO) de 1944 jusqu'en 1975, où elle avoisinait 14%, ce qu'on a appelé les « trente glorieuses ».

[61] Consommation sera dans cet ouvrage un terme qui s'applique à toute la production matérielle ou non, de biens durables ou non. On ne peut distinguer, pour une démonstration globale, ce qui est un déviant du système, avec sa connotation péjorative comme l'entendent les écologistes. L'économie est d'abord quantitative, faite de ce qui s'achète, l'aspect qualitatif pourra être déduit par la suite.

tendance à augmenter les prix. En effet, le seul fonctionnement normal de ces échanges, comme pour tout système, provoque une usure due à son mouvement permanent, comme pour tout système en fonctionnement. Perte de la valeur de la monnaie, au moins sur le long terme, et suscite une compensation à cette perte, de la part de tous les usagers. (voir ch. précédent, « Le rôle paradoxal de la monnaie »). D'ailleurs on emploie ce mot, ce n'est pas un hasard, pour indiquer que l'argent prêté à des taux excessifs par des « usuriers » est un délit en France. Cette compensation à l'usure monétaire va amener, souvent par anticipation, et par précaution, une augmentation des prix supérieure à la seule compensation, par ceux qui ont ce pouvoir, c'est-à-dire, les producteurs. D'autant plus que cet ajustement, est complété, par la recherche du profit maximum, les plus-values[62], le prix le plus élevé possible, seulement freiné par le niveau du pouvoir d'achat de la population et la concurrence.

En temps normal, c'est-à-dire en dehors des périodes de crises, la valeur codifiée, nominale, de chaque billet, de chaque pièce, répercutera ce changement de valeur nominale des prix, en diminuant leur valeur réelle monétaire, parce que la richesse réelle totale, restée identique, sera davantage divisée par unité, pour continuer à représenter la totalité. La même quantité de biens sera distribuée, mais évaluée avec ses plus-values en augmentation. C'est en quelque sorte un effet « boomerang » répercutée sur chaque euro, comme auparavant chaque franc, en baissera sa valeur. Pour acheter un bien de valeur réelle identique, il faudra plus

---

[62] Particulièrement distinguées par Marx dans son ouvrage « Le capital »)

d'argent. Là où il fallait 100 euros, il faudra payer 110 euros pour acheter le même bien qu'auparavant. D'où la nécessité de fabriquer davantage de monnaie La masse monétaire augmente quand les prix augmentent. La demande de ces billets augmente, donc sa fabrication suit cette augmentation. L'inflation des prix, inhérente à la circulation monétaire habituelle, sera stable, faible ou deviendra forte selon l'importance et la rapidité des pertes originelles, c'est-à-dire la vitesse de circulation compensatoire.

C'est cette demande d'argent nécessaire pour atteindre le nouveau niveau de la masse monétaire voulue, qui détermine le niveau de l'inflation, qui permet de connaître, en pourcentage la baisse de valeur de la monnaie[63]. Si les deux facteurs précédents, augmentation de volume monétaire d'origine salariale, et augmentation démographique, se conjuguent, l'inflation peut devenir importante. Du point de vue des possédants, plus l'inflation est en hausse, plus la valeur de la monnaie va baisser pour ceux qui n'ont eu pas la possibilité de récupération comme le sont les producteurs et les distributeurs, plus leur argent perdra de valeur, sans qu'ils sachent à l'avance à quel niveau elle va se situer. C'est une tendance lourde, difficile à prévoir. La perte de valeur monétaire est encore plus valable pour tous ceux qui possèdent un capital. Ceux-ci, quels qu'ils soient, ne peuvent récupérer cette baisse que par des intérêts en prêtant à leur tour, aux banques ou à l'Etat. Quant à ceux qui sont les plus démunis, ils tentent de compenser les pertes dues à l'inflation par des augmentations de salaires indexés au même niveau (SMIC).

---

[63] Ces fluctuations sont disponibles dans des organismes tels que l'INSEE.

Les statistiques de la période dite des trente glorieuses où le pouvoir d'achat *réel* des salariés a augmenté de 5% par an, donc hors inflation, sur 30 ans, prouvent qu'il n'en était rien, bien au contraire. Si les salaires augmentent au moins de la valeur de l'inflation, il n'y a pas d'appauvrissement automatique[64].

Les préteurs sont les plus concernés parce que la valeur de l'argent prêté baisse généralement sur le long terme[65] sans qu'ils sachent de combien sera leur perte réelle au moment des remboursements. Par sécurité, pour anticiper ces pertes de valeur, les banques, habituellement maîtres des taux d'intérêt en tiendront compte, en augmentant d'autant ce niveau, comme le font les producteurs. La compensation financière s'ajoute ainsi à la compensation productive. Un indice supérieur de précaution sera pris, sans toutefois être trop élevé pour ne pas dépasser le niveau moyen des possibilités de remboursement des emprunteurs. C'est pourquoi les banques s'assurent généralement contre les défauts de remboursements[66]. Pour une partie de la population le crédit qui permet des achats qui sans cela, n'auraient pas eu lieu, augmente la tendance inflationniste, toujours pour la même raison d'augmentation du volume monétaire par

---

[64] Pendant cette période des » trente glorieuses » l'inflation près de 14 %, accompagnait la prospérité, bien qu'elle était considérée comme importante. Le chômage était quasi inexistant. Le rattrapage cette fois a été celui des salariés.

[65] Loi connue qui veut que tout mouvement a tendance à perdre ses forces dans l'espace-temps.

[66] Toutefois, comme pour la crise des « subprimes », l'Assureur lui-même peut faire défaut si les sommes cumulées sont trop importantes. D'où le « crash ».

la dépense. Nous insistons sur cette logique de la dynamique du système monétaire : l'inflation existe par la nécessité de compensation à des dépenses, de façon permanente. Ce sont des flux qui ne sont arrêtés que pour faire les comptes à une date déterminée. Les déficits signalent les dépenses qui n'ont pu avoir lieu que par des apports d'argent « frais », création monétaire ou prêts[67] quelle qu'en soit la soit la provenance et la forme.

Pour une activité normale en expansion normale, une certaine inflation des prix est une conséquence normale. Financer le déficit en termes comptables, est une écriture, un chiffrage, qui n'a pas de conséquences inflationnistes. *Nous insistons sur cette idée reçue : en tant que telle, elle est non préjudiciable a priori en terme de dynamique économique.*

Mystification de l'inflation

C'est ici qu'il faut dénoncer également, une idée reçue, de mystification même. Elle est la clé de tous les malheurs humains pour une partie des populations, dus au système libéral actuel. L'explication suppose toutefois un minimum de connaissances simples en comptabilité.

Prenons un exemple ce qui est survenu dans les années 1974 à la suite de la crise pétrolière. Pour des raisons diverses, le prix du pétrole, affiché comme toujours en dollar, a brusquement augmenté. C'est une énergie de base indispensable à beaucoup de productions matérielles. A la suite de quoi, les producteurs concernés ont dû augmenter le prix de leur production, de la différence de

---

[67] Quelques fois par la vente de biens en réserve.

valeur augmentée. Normalement en incorporant cette valeur dans le calcul du prix de vente du produit, le prix final ne devrait pas beaucoup varier étant entendu que les autres frais habituels sont souvent plus importants. Dans ce cas, les actionnaires devraient recevoir le bénéficie habituel augmenté de cette valeur absolue. Pour les acheteurs suivant, intermédiaires divers, c'est l'augmentation en pourcentage qui sera en premier lieu prise en compte. Ce pourcentage comme sera intégré dans leur propre calcul de prix de vente selon les paliers successifs jusqu'au produit fini qui subira en dernier une taxe également établie en pourcentage. Plus il y aura d'intermédiaire plus a valeur absolue de départ va ainsi être multipliée par les coefficients avec autant d'effets multiplicateurs de la première valeur. On en arrive ainsi à introduire dans la circulation monétaire un gonflement excessif par rapport au produit de base. D'où un effet visible de croissance, mais artificielle car les prix à la consommation ne correspondant pas à la seule augmentation de base. On voir alors que le gonflement du flux monétaire va engendrer une baisse de valeur de la monnaie supplémentaire proportionnelle au résultat final. Cette inflation se produit à chaque augmentation de prix de matière première quelle qu'en soit la cause.

Par compensation, cette perte ressentie par les salariés, va créer un besoin d'augmentation des revenus parfois sous la pression de grèves. On entre ainsi dans une course « à l'échalote » d'un côté et d'autre. Sachant que ce sont les producteurs concernés qui ont un temps d'avance dans cette course. Maîtres des prix ils ressortiront toujours vainqueurs si l'Etat n'intervient pas comme régulateur.

Les prêts à la consommation vont agir également comme compensation à la baisse du pouvoir d'achat salarial. Avec toutefois une limite sur la durée des prêts, calculés selon des prévisions qui restent incertaines. D'où la tendance des prêteurs à vouloir éviter l'inflation. On comprend que les banques vont tout faire pour enrayer l'inflation, en s'appuyant sur le fait réel de la perte de valeur de la monnaie préjudiciable certes également aux revenus de la population si la compensation est insuffisante ou arrive avec retard, mais en priorité à leur propre intérêt. En effet leur compensation est l'augmentation des taux d'intérêt qui peut être immédiat bien que limité par le pouvoir d'achat de la population.

On a pris cet exemple d'augmentation de prix d'une matière première, mais il est également valable pour comprendre l'inflation sans cette augmentation si, comme c'est le cas depuis les années 1970, le pouvoir d'achat de la population est augmenté artificiellement par le crédit. D'où le dilemme pour les banques de laisser courir l'inflation ou de diminuer les flux monétaires. C'est cette solution, d'ailleurs adoptée par les traités européens, qui prévaut. Mais, comme pour tout système, celui de la diminution des déficits (moins de prêts) on arrive à l'effet pervers qui consiste pour les banques de diminuer le niveau des prêts à un taux presque nul qui les met d'autant plus en danger, qu'elles n'ont pratiquement pas de réserves.

La conclusion s'impose : dans le traitement des informations les valeurs monétaires, chacun des trois acteurs décrits dans le schéma de la figure 1, a des responsabilités dans le marasme actuel de l'Economie européenne qui survit essentiellement grâce aux sacrifices d'une grande partie de la population : salaires faibles ou allocations de secours pour les classes populaires défavorisées. L'Etat a la possibilité de réguler le système, à condition d'être maître de la monnaie.

En effet, si l'Etat insuffle un argent « frais » dans la masse monétaire en circulation, cela peut renforcer la tendance inflationniste selon son importance. Avec un certain retard par rapport à la croissance, qui va toutefois diminuer le nombre de chômeurs et la précarité. Le prétexte officiel d'utiliser la technique de l'emprunt avait été que la perte de valeur de l'argent par l'inflation, handicapait surtout la *population* dont le pouvoir d'achat était censé diminuer. Sachant que l'augmentation de la masse monétaire en circulation est la même avec l'emprunt bancaire ou avec la création monétaire, puisque le déficit a toujours les mêmes origines, l'inflation poursuit sa tendance, malgré la nécessité de rembourser, parce que la situation de base, est restée la même sur les marchés. On a vu que cette inflation peut avoir lieu du seul fait de l'augmentation des échanges marchands.

Malgré tout, pensant pouvoir éviter l'inflation, une loi en janvier 1973, dite « Giscard-Pompidou », respectivement premier ministre et président de la République, a interdit de financer les déficits par la technique de la fabrication monétaire ad libitum, même avec l'aval parlementaire. Sous prétexte que cette facilité augmentait rapidement les déficits. Ce qui est faux car c'est prendre l'effet pour la cause. Ce raccourci qui lie l'inflation à la libre fabrication monétaire, peut faire croire que l'origine est un excès de fabrication, alors que ce n'était qu'un moyen de financement. Pour l'Etat, désormais, le fait d'avoir à rembourser des sommes empruntées aurait dû, disaient ces dirigeants, empêcher les excès, par l'obligation du remboursement et du paiement des intérêts. Donc un système prévu pour freiner cette inflation, accepté par les dirigeants issus ou proches des milieux financiers. Augmenter les recettes, donc les impôts, n'étant toujours pas facile électoralement, il ne restait que la solution de diminuer les dépenses d'Etat, jugées trop élevées[68]. Mais le cumul des dettes d'Etat, depuis des décennies, prouve que cela n'a pas été, non plus, possible. Les caisses « sont vides » parce que l'argent qui rentre ressort aussitôt. Les dépenses vont plus *vite* que les recettes. L'autre solution, consiste à diminuer les achats dans la population, responsables en grande partie de la circulation monétaire. Notamment en diminuant le crédit qui incontestablement les facilite. Ralentir les dépenses dans la population a consisté à augmenter les taux d'intérêt. Mais le succès était mitigé car il enclenche une certaine résistance à l'investissement. Le deuxième levier a été de favoriser la baisse des revenus salariaux.

L'Etat pensait parvenir ainsi à enclencher son action antiinflationniste en s'attaquant à ce que les économistes orthodoxes estiment être les causes, c'est-à-dire, les dépenses, aussi bien en freinant ses propres investissements, que ceux de la population, autrement dit, en diminuant la production. La gestion doit donc se faire, disent-ils, comme celle des entreprises, et celle des particuliers : ne pas vivre au-dessus de ses moyens. Dogme intransigeant, pour la France, mais également, pour les

---

[68] C'est pourquoi l'impôt sur les revenus a nettement diminué au fil des ans, remplacé par la TVA, moins visible car indirecte.

autres pays européens puisque cette directive est inscrite dans le traité de Maastricht[69]. C'est le principe d'austérité qui va entrainer également, pour certains pays, un autre cercle vicieux, cette fois déflationniste. Ceci malgré ce qu'a dit Adam Smith il y a trois siècles [70] qui a mis en garde les responsables des Etats, de ne pas appliquer à leur niveau les mêmes règles de comptabilité en vigueur dans le commerce ou pour les particuliers. « Ils sont presque fous ceux qui croient qu'un grand pays peut se diriger comme un ménage ». A noter que le « service de la dette », les intérêts à payer sont tels qu'ils empêchent de rembourser le capital emprunté[71].

Cette méthode du contrôle de la masse monétaire, n'a pu être efficace, que dans la mesure où les entreprises ont réussi à contenir l'augmentation de rattrapages des salaires, malgré les pressions des syndicats. Un cercle vicieux de baisse de production-chômage dont on ne sort pas, tant qu'on n'est pas parvenu à un rééquilibrage production-consommation[72].On comprend la montée permanente du chômage[73] qu'il faut donc lier à la perte d'indépendance financière des Etats. On comprend que les achats ont baissé, la production a faibli, le chômage, qui

---

[69] Les déficits ne doivent pas dépasser 3% du PIB

[70] Adam Smith, (18 e siècle) connu pour le premier des grands économistes.

[71] Toutefois depuis quelque temps les emprunts d'Etat se font à intérêt négatifs. Avec l'inconvénient de fragiliser le système bancaire. Si un pays fait défaut, une grave crise financière peut survenir.

[72] Ce retour arrière est un appauvrissement du pays, comme le subissent la Grèce, l'Espagne, le Portugal, etc.

[73] Seule l'augmentation de l'exportation peut parvenir à sa stabilité, ou à sa diminution. Mais on se heurte alors à l'économie des autres pays.

était nul en 1975 a commencé à progresser jusqu'à nos jours. Le cycle d'activité monétaire s'est inversé, les conséquences également. On ne peut incriminer l'inflation en tant que telle, qui n'est qu'une conséquence et non la source de cette baisse. Mais l'activité qui baisse jusqu'à un niveau qui entraîne le flux monétaire dans une spirale cette fois déflationniste, encore plus dangereuse pour la population des classes moyennes et basses. La production baisse, le chômage augmente, etc. L'appauvrissement devient général. Les PME et TPE souffrent. Mais les banques, ayant des liquidités disponibles, vont pouvoir prêter davantage...

L'Etat français n'a toujours pu trouver les ressources internes, pour rembourser ses dettes, il faut donc qu'il réemprunte à chaque échéance. Mais les prolonger ne permet pas de les diminuer de façon significative, malgré la baisse contracyclique des taux d'intérêts. En effet, les banques sont contraintes de baisser les taux d'intérêt, devenus presque nuls, et même parfois négatifs, pour les nouveaux prêts, pour éviter de trop augmenter l'endettement total de certains pays déjà très chargé[74]. Malgré des apports de liquidités importantes, le Japon ne parvient pas à diminuer une énorme dette souveraine essentiellement due à ses banques internes. Leur faible chômage est dû à l'importance de leur exportation, comme en Allemagne. La solution que personne n'ose prendre, pour ce qui est devenu la 3 e puissance économique mondiale, la Chine, serait celle d'augmenter les petits revenus. L'activité interne revenue

---

[74] Les U.S.A ont atteint un niveau d'endettement colossal. Le Japon également.

relancerait la machine. Là où la concurrence mondiale joue entre ces trois pays importants, si on inclue les U.S.A, celui qui gagne est celui dont les prix sont les plus faibles, grâce à des salaires maintenus bas. Le principal obstacle au niveau mondial, à une reprise de la croissance peut être attribué à la Chine.

Sauf exception, pendant le ministère de Lionel Jospin[75], des remboursements conséquents n'ont pu avoir lieu. La méthode de l'emprunt n'a donc pu montrer son efficacité pour éliminer l'inflation. Ce qui, on l'a vu, est une fausse nécessité. Les dettes se cumulent parce qu'on emprunte à nouveau pour rembourser celles échues augmentées des intérêts. Le seront-elles un jour ? Sauf un renversement complet du système permet de l'espérer, c'est-à-dire, retrouver l'indépendance de la fabrication monétaire qui, actuellement, reste une prérogative de la BCE.

Dire en permanence que la dette souveraine est importante est un effet d'annonce destiné à faire supporter des restrictions à une partie de la population, dont le chômage est l'élément le plus visible. Si l'Etat peut prolonger indéfiniment et même augmenter les créances à chaque échéance avec l'aide des banques qui ne demandent que cela, il n'y a aucune raison d'en faire pâtir la population puisque l'inflation ne lui est pas toujours défavorable a priori. Seules les banques, et les grandes entreprises, surtout exportatrices, ont intérêt à l'éliminer, quels qu'en soient les conséquences. Les dépenses de l'Etat

---

[75] Des rentrées importantes ont eu lieu en privatisant des entreprises nationales.

diminuent, les investissements des entreprises également. La circulation monétaire diminue. Les conséquences sont la perte de confiance dans l'avenir. Donc peu d'investissements, avec ce que cela suppose de diminution de l'activité.

On peut dire que les dettes souveraines surviennent comme des sommes que l'inflation aurait cumulées et globalement *représentées*, dans le système précédent. Elles ont le même caractère artificiel que la création monétaire étatique. Ce sont des compensations destinées à rééquilibrer d'une autre façon, la perte d'activité que le système a généré. La technique austéritaire, récemment imposée par les banques à la Grèce, est un rééquilibrage par le bas des richesses produites. Elle mène plutôt à la déflation et au défaut de paiement pour les pays les plus démunis, que tôt ou tard d'autres membres de l'U.E auront à supporter. Les grandes entreprises et les financiers vont pouvoir investir dans un pays extérieur émergeant. C'est l'effet de la loi des systèmes imbriqués dans la circulation monétaire. Il y a un levier qui freine, et un levier qui accélère. Le premier, l'austérité, est négatif, l'autre, l'investissement, est positif.

C'est la baisse du pouvoir d'achat des acheteurs qui, tous comptes faits, à la longue, a permis aux pays de l'U.E de diminuer le niveau de l'inflation et les taux d'intérêt à presque zéro. Jusqu'au jour où, comme on l'a vu, avec la crise des « Subprimes », les Etats ont dû refermer, difficilement, l'ouverture de la trappe crée par les défauts de remboursements d'une partie de la population aux

U.S.A, répercutée dans les autres pays liés par leur système bancaire[76]. Quand il y a trop plein de liquidités à un moment, dans un réseau où elles circulent, une partie de la masse monétaire a creusé « un trou ». Le défaut (de remboursement) entraîne vers le fond, le flux qui circule dans le réseau monétaire général. Des grandes banques prêteuses s'écroulent. Pour colmater cette brèche dans le système, il faut injecter les sommes perdues par les banques avec l'argent disponible…des banques puisque ces Etats de l'U.E n'ont pas le droit de le leur prêter. Il y a là une contradiction dont on comprend le danger[77].

Nos dirigeants sont les premiers responsables du développement du pays car ils redistribuent les richesses du travail qui est le moteur de l'économie réelle. Malheureusement, ils réservent leur bienveillance pour les banques et les grandes entreprises. On comprend les conséquences sur le plan social. Avoir créé de toute pièce un système anti-inflationniste qui provoque l'endettement, sous prétexte de diminuer une inflation devenue insupportable, pour les banques, depuis les années 70, est une mystification coupable. C'est la diminution de la masse salariale qui a été le plus efficace pour freiner l'inflation,

---

[76] Prêts, débuts de nationalisations, rachats de titres, etc.
77 La tendance actuelle qui donne toutes libertés aux banques, à l'exception de la Chine, est répandue partout dans le monde. Elle est dangereuse, d'autant plus que des accords internationaux permettent aux banques de se prêter entre elles un argent qu'elles possèdent pas en réserve, puisque des accords internationaux interbancaires les autorisent à n'avoir que 10% de réserves internes sur le montant des sommes qu'elles prêtent. D'où le risque de crises, qui diminuent la circulation monétaire en cas de non remboursement d'une grosse échéance, comme ça été presque le cas avec la Grèce.

devenue presque nulle actuellement. La conclusion qui s'imposerait pour la France, comme pour certains pays de l'U.E, consisterait à sortir non seulement de la zone euro, mais de l'U.E, afin de revenir sur le traité de Maastricht, qui a instauré la BCE avec, pour objectif premier, d'éviter toute inflation jugée, officiellement du moins, uniquement néfaste pour la population.

Diminuer les dépenses d'Etat qui sont à l'origine des déficits est un manque d'investissements, directs ou indirects, qui induit un frein à l'activité nationale. La lutte contre l'inflation telle qu'elle a été menée depuis quarante ans, en obligeant l'Etat à emprunter aux banques, ne pouvait être efficace, comme on peut le constater dans tous les pays européens, qu'au prix d'une montée du chômage, ou des emplois précaires, comme « variables d'ajustement ». Le système keynésien, axé sur la demande, qui, faisant fonctionner l'économie, est la vérité économique. Autrement dit la priorité à donner à la satisfaction des besoins essentiels de l'existence que l'on a évoqués dès le début de cet ouvrage, se nourrir et se protéger. C'est sur ces principes, qu'il faut fonder la croissance. Et non sur la loi du profit à tout prix qui la perturbe à chaque crise.

Pour briser le cercle vicieux déficit-chômage et créer la croissance il faut davantage de possibilités d'investissements, sans se préoccuper des déficits éventuels s'ils sont productifs. L'endettement de l'Etat devrait diminuer, par le retour sur ces investissements, tôt ou tard. Ne serait-ce que par la perte de la valeur de l'argent à terme. Augmenter la masse salariale doit être vu comme un investissement. En augmentant le pouvoir d'achat d'une partie importante de la population, la croissance augmente. C'est le système fordiste[78] que l'on va retrouver plus loin (ch. Comment renverser la table). L'arbitrage de l'Etat en faveur de la population, en refaisant marcher la création monétaire est légitimé par la nécessité de l'intérêt national. Autre exemple, contrairement au dogme de la pensée unique, créer des emplois dans la fonction publique est parmi les leviers qui agissent sur l'Economie, celui qui lui redonne le plus de vigueur étant donné sa constance et son nombre, tout en permettant de diminuer le chômage.

En attendant cet hypothétique renversement , connaissant maintenant ce qu'a de fallacieux, d'illégitime, de suspect même, une dette souveraine fomentée par et pour la finance, nous pouvons proposer un système inédit qui, également artificiel, car il s'agit du déplacement d'une simple écriture comptable, rétablirait la *confiance*, éliminerait la prédation des emprunts étatiques excessifs, pourrait donner satisfaction aux deux parties, les banques prêteuses et l'Etat sans risque, et à moindre coût. En permettrait de sortir du guêpier de la dette, on supprimerait, cette épée de Damoclès qui pèse lourdement sur la population. Cette simple écriture ouvrirait une porte sur l'avenir comme un Sésame, ce qui relancerait la croissance.

On sait que « restructurer » une dette consiste soit à retarder son échéance, soit à en diminuer le montant. Perte partielle ou simplement rééchelonnée pour le

---

[78] Ford a dit, au début de l'industrialisation de la production, que plus il paye ses ouvriers, plus ils pourront acheter les voitures qu'ils produisent.

créancier, ce traitement est sans contrepartie pour le prêteur obligé de l'accepter sous la menace d'un défaut de paiement complet pur et simple qui l'oblige à se livrer pieds et mains liées. Cas de l'Argentine il y a une dizaine d'années et récemment celui de l'Islande. Cas de la Grèce également. C'est le risque de tout prêteur qu'il espère compenser en augmentant le niveau des taux d'intérêts.

En revanche on pourrait effacer partiellement ou totalement, toute dette souveraine, par un simple jeu d'écriture qui reprendrait la somme due dans les comptes des prêteurs, comme ceux des débiteurs comme si le remboursement avait été effectué. Supposons donc que chaque Etat endetté invite les créanciers à réinscrire dans leur compte les sommes prêtées comme ayant été remboursées au moment de l'échéance. On reviendrait aux bilans du moment de l'emprunt. Les prêteurs, de leur côté inscrivent cette somme comme ayant été arithmétiquement équitablement remboursée, bien que sans mouvement de fonds réels. Ce jeu d'écriture, reviendrait à la considérer nulle et non avenue. Il n'y aurait aucune perturbation dans le système financier réciproque. Le prêteur retrouve son argent nominal comme au moment de la transaction. Il a toutefois bénéficié des intérêts annuels, comme prévu dans le contrat initial.

Faire des virements sans fonds propres n'est pas interdit aux banques (Conventions de Bâle II et III). Elles le font en permanence dans les échanges de gré à gré. Ce qui consiste à prêter des sommes qu'elles empruntent aussitôt à d'autres banques. Ce tour de passe-passe permet de maintenir l'équilibre entre l'actif et le passif. Dans le même ordre d'idées, la France a sauvé de la faillite les grandes banques qu'y étaient exposée en 2008 à cause de la crise des « subprimes ». Pour combler ces trous, elle a prêté la bagatelle de 320 milliards d'euros...qu'elle n'avait certainement pas : les caisses sont vides disent à juste titre les ministres responsables. Qui avait cette somme en réserve ? Le Trésor public a-t-il lui-même emprunté cette somme, ou fait un chèque sans provisions pour sauver une ou plusieurs banques ? Peu importe puisque c'était à très court terme. En fait on ne sait rien de tous ces mouvements qui ont certainement lieu sans provisions. La tactique qui consiste à trouver un nouveau prêteur, le court laps de temps voulu n'est pas sans risque, comme on l'a vu quand une « trappe à liquidités » s'ouvre quelque part dans le monde, puisque l'argent y circule en permanence. Les banques sont donc toujours sur le fil du rasoir, comme le montre la crise.

Notre proposition consiste également à faire de la trésorerie fictive. Faire un faux remboursement pourrait être sans dommage si les deux parties sont d'accord. Le simple jeu d'écritures en question reviendrait à faire un faux bilan dont on aura financé artificiellement un vrai déficit. Et comme les banques réintègrent leurs liquidités, elles ne sont donc pas lésées. Il n'y aurait pas lieu, en toute équité, d'intervenir pour rectifier cette écriture. Dans ce scénario les sommes empruntées auront tout de même servi à l'Etat jusqu'au moment de l'échéance. Elles auraient donc été créées « ex nihilo », comme cela se passait quand l'Etat faisait marcher la « planche à billets », mais toujours en faveur de la banque qui en a tiré profit par les intérêts perçus.

Effacer certaines dettes souveraines venant à échéance, permettrait de se retrouver exactement dans la situation qui prévalait en France avant la loi du 3 janvier 1973, votée sous le gouvernement Giscard où l'Etat faisait battre monnaie pour ses dépenses budgétaires. Ce qui est proposé, est certes une fiction. Maisl'exemple venant de haut, la fiction est devenue la règle. Dans de telles conditions de sécurité, la pression des créanciers devrait se calmer. Les deux parties, l'Etat, et la finance devrait s'entendre à chaque cas litigieux. Ce remboursement fictif, s'il était réalisé un jour, ne serait pas dicté par bonté d'âme envers les banques, loin s'en faut, mais aurait l'avantage de préserver les populations des conséquences d'un véritable défaut parce que tôt ou tard les pertes d'argent situées au niveau national seront répercutées sur elles.

Avant d'en arriver là, la Grèce et autres Etats déficitaires qui adopteraient le système du faux remboursement pourraient émerger et retrouver une situation saine en supprimant toute pression qui pèse sur la population qui dépend en réalité de chiffres...irréels.

Ceci n'est qu'un raisonnement, il a le mérite de montrer où sont et où ont été les responsabilités. Pourquoi ce scénario où la finance ne dominerait plus les Etats ne sera pas adopté ? Parce que des accords entre les pays au niveau européen ont eu lieu en faveur des banques qui préfèrent mutualiser leurs propres dettes comme l'a accepté récemment l'U.E : Mécanisme européen de stabilité (MES) . Cela leur parait être une solution plus favorable : leurs créances sont garanties par la BCE en dernier ressort. Elles peuvent continuer à s'engraisser sans trop de risque sachant qu'en cas de grave problème dû à un manque de liquidités, les Etats, par l'intervention des banques centrales, s'obligeront à les sauver. Mais est-ce que la BCE a des fonds propres suffisants en cas de nouvelle grave crise financière ? Elle vient de commencer à racheter les actifs à la place de ceux qui veulent s'en débarrasser, qu'ils soient « pourris » ou non. Mais en a-elle-les moyens ? Les sommes sont faramineuses. Autrement dit, d'où prend-elle les fonds ? Sur le budget de l'U.E ? Il est notoirement faible. Alors de nouveau la création monétaire, qui fait marcher la planche à billets ?

La méthode de faux remboursement serait un encouragement à emprunter n'importe quoi à n'importe qui n'importe quand, diront les économistes orthodoxes. On peut rétorquer qu'il y a toujours ces intérêts à payer, donc ce système n'est pas sans inconvénient. D »autre part l'appel au secours de la part d'un Etat débiteur, serait examiné par des instances indépendantes supérieures qui en donneraient l'autorisation.

C'est par les prêts aux Etats que les banques ont pris le pouvoir progressivement ! Ce qui s'est généralisée avec les traités européens. Tous des « faux monnayeurs » disent certains. L'Etat souverain ne devrait avoir de comptes à rendre qu'au pays et non à ses comptables. Vrai ou faux, l'argent ne circule plus que par clics. Il s'est presque totalement dématérialisé. Supprimer toute pertinence à un déficit permettrait de relancer la croissance et l'emploi conformément à la théorie des systèmes.

LA PROPRIETE, PUISSANCE PREDATRICE DU CAPITAL

L' « homo erectus » était propriétaire, avec ses congénères, de la terre d'où il tirait sa nourriture. C'était sa richesse, obtenue et conservée généralement par la force, chacun défendant la source de sa survie. La puissance attribuée à l'argent vient de la possession de ces parcelles de terre. Quand le système est devenu féodal, les chefs de village et autres seigneurs en tiraient toute leur puissance. Localisée et maintenue comme telle de générations en générations par l'héritage.

Sur le fond, rien n'a changé depuis, sachant que les terrains de production ont créé les droits privés de conservation de ces richesses à leurs propriétaires. Dans notre système actuel libéral, cette puissance acquise au départ par la violence de la possession, subsiste : elle est régie par la loi. En évaluant les biens et en les transmettant, l'argent transmet également la violence intrinsèque de la propriété. Ce principe est resté le même de nos jours, à ceci près que, toujours par la force de l'argent, certains ont augmenté la surface de leurs terrains, devenus lieux de production de plus en plus importants. Leur nombre a augmenté avec l'augmentation démographique. Tout ceci est connu mais il est bon de le rappeler quand on revient sur les fondamentaux de la macroéconomie.

Pour paraphraser Proudhon, la propriété c'est le « v(i)ol » autrement dit le capital engendre la violence prédatrice envers les non-propriétaires de leur travail, les salariés, ces nouveaux serfs.

L'effet secondaire de la circulation monétaire, laissée à elle-même, conduirait au freinage et à terme à sa disparition, sauf si, en contrepartie, la force initiale du système n'était pas systématiquement ré-augmentée ou si dans le système lui-même, il n'était pas prévu une régulation monétaire, par compensation, qui contredise ou repousse en permanence l'usure de cet effet secondaire. On peut assimiler cet effet à l'apparition d'un vice caché du système car ce n'est, le plus souvent, qu'à l'usage, qu'il se manifeste.

Ce fonctionnement d'abord mécanique, dû à l'origine aux forces du travail, explique les suppléments de liquidités, compensant des pertes de valeurs, d'autant plus importantes que la vitesse circulatoire monétaire augmente rapidement. La force centrifuge, comme indiqué sur la figure 2, disperse ces richesses, - les plus-values, qui ne retournent pas en totalité vers la production. Elles sont habituellement récupérées par ceux qui sont partie prenante dans la circulation monétaire qu'ils dirigent alors vers l'épargne ou les investissements, selon le meilleur rendement. Elles sont souvent distribuées en priorité, aux porteurs des capitaux et actionnaires de l'entreprise. Il y a donc deux formes de traitement des valeurs, l'une par l'Entreprise, l'autre par la Finance. Deux facteurs d'inflation et de croissance, ou, au contraire, de déflation et de décroissance, selon l'importance de ces « prélèvements »

Frustration, aliénation des travailleurs, qui ne sont que spectateurs dans cette Economie dynamique, ont été dénoncées par Marx. Elles se situent donc bien dans un système où les moyens de redistribution ne sont pas donnés à l'Homme-machine[79]. Les forces humaines sont assimilées aux outils de travail qu'ils utilisent. Les forces en

---

[79] Le seul moyen est la pression par la grève. Mais seul un mouvement d'ensemble peut être efficace. Les grandes entreprises, ont les moyens d'y résister étant donné leur puissance, et la diversité de leurs sous-traitants.

mouvement, les actes d'achat qui propulsent l'économie, échappent aux travailleurs comme on l'a constaté, dans la mesure où ils ne sont pas décideurs des attributions des valeurs aux produits.

Les crises
Crise de la demande

Le principe de laisser leur libre circulation aux capitaux est extrêmement habile, pour ceux qui se sont placés sur ce chemin : s'il y a crise, il y a une possibilité de compensation de la perte des disparitions d'actifs par les autres détenteurs de capitaux, sinon par l'Etat. C'est la loi de la jungle, dite d'autorégulation naturelle. Quant aux prédations humaines que cela suppose, peu importe, « les affaires sont les affaires » disent les tenants de ce système. Parlant d'économie, cela se traduit par des pertes de pouvoir d'achat des salariés qui suivent la disparition des entreprises : que les gouvernements s'occupent du social, disent toujours les libéraux ! Les hommes sont, à leurs yeux, des produits qui doivent être traités comme tels. Cette technique est dogmatisée comme une pensée unique néolibérale, celle qui prévaut actuellement en faveur de la liberté totale des échanges. C'est un système monétaire adopté par tous les pays occidentaux modernes, principalement par les U.S.A au nom de la liberté d'entreprendre et du désengagement de l'Etat...sauf en cas d'extrême nécessité.

Certains propriétaires-producteurs, qui veulent trop profiter de leur finance, le font souvent au détriment de leur propre production : trop chers, leurs produits sont soumis à la concurrence de ceux qui, plus puissants tiennent leurs prix. Trop nombreux aussi dans une branche qui, au bout d'un certain temps, sature le marché quand les besoins sont satisfaits. Sans retour monétaire suffisant dans le circuit de production celle-ci peut décliner. Ce retour, qui enclenchait une pression sur la demande, diminue la force des flux monétaires, qui diminue à son tour la croissance. Celle-ci va mécaniquement entraîner le chômage (figure3). Circuit qui se referme sur la baisse de la demande, la masse des acheteurs, perdant en partie leur pouvoir d'achats. Si cet effet est brutal, il y a crise de débouchés[80], donc de surproduction, donc de chômage, etc. comme on le constate actuellement.

Les mouvements de transformation et de distribution de produits peuvent ainsi rencontrer des obstacles dans leurs exécutions et renforcer alors les effets secondaires créés par leur fonctionnement. Ils rendent leur production excessive ou insuffisante selon les périodes : une interprétation erronée ou trop rapide donnée par le signal du nombre d'achats des produits peut conduire à une mauvaise anticipation des quantités à reproduire. Ce sont alors des crises de sur ou sous-production qui se transforment en crise financière. Mettant ainsi en retard le développement économique des pays qui sont concernés. Si les résultats d'un commerce extérieur sont, eux aussi, insuffisants pour assurer un débouché, ils accentuent le déséquilibre qui entraîne une crise de confiance qui l'accentue à son tour.

L'explication des crises est donc toujours celle des dysfonctionnements des marchés. Qu'ils soient d'ordre matériel ou immatériel, ils concernent la production générale. Dans cette logique la surproduction ou sous-

---

[80] D'où les délocalisations industrielles.

production augmente ou baisse plus ou moins rapidement. Ceci sous l'effet imprévu de forces nouvelles comme cela a été le cas lors de l'introduction en quantité des micro-ordinateurs dans les années 70[81]. Les données ont été changées. Les ordinateurs ont en effet considérablement accéléré la production en général, et dans le domaine matériel, en particulier celui des voitures automobiles (robotisation). Une cause de crise est souvent liée à un gain significatif de la productivité des entreprises qui est suivi dans l'immédiat par la perte consécutive de masse salariale. Donc de pouvoir d'achat.

Bien avant, d'autres crises se sont produites dans le monde. La crise des « tulipes » a eu lieu au 17 e siècle lors de la surproduction de cette nouvelle fleur aux Pays-Bas. La demande s'est raréfiée- les prix étant devenus trop chers, les achats baissaient – alors que la production se poursuivait sans tenir compte de l'effet mode. D'où

---

[81] En construisant la première machine à calculer au monde, Blaise Pascal, ne pouvait pas prévoir, malgré son génie inventif, qu'elle serait à l'origine d'un extraordinaire bouleversement universel quelques trois cents ans plus tard. En effet sa machine mettait en action un système mécanique fait de bielles et rouages permettant d'obtenir automatiquement les résultats chiffrés de calculs jusqu'alors obtenus manuellement. Ils sont reproduits à notre époque, en utilisant des systèmes électroniques avec des résultats obtenus à la vitesse de la lumière. Les ordinateurs étaient d'ailleurs appelés calculatrices à l'origine, et restent toujours des «computers» en anglais. La macroéconomie, faite de myriades d'échanges, donc de résultats statistiques, peut être ainsi traitée automatiquement sans effort. Autrement l'énorme complexité des sous-systèmes imbriqués dans de tels échanges quotidiens rendrait la gestion des comptes, quasi impossible.

l'effondrement de la production. En France et en Grande-Bretagne, au 19 e siècle, à la suite de l'invention du métier à tisser et leur motorisation, la production à grande échelle a entraîné la destruction du tissu artisanal avec chômage catastrophique et misère. Exemple caractéristique, dans ce secteur, d'une productivité excessive, entraînant une économie dévastatrice sur le plan humain : une compensation à ce système, diminuera progressivement le chômage en redirigeant la main-d'œuvre vers les fabrications nouvelles liées à cette innovation technique. Mais elle n'a pu se faire que sur une génération[82]. Les crises dans le capitalisme productif, sur ou sous-production de certains secteurs, peuvent être vus comme la rançon du modernisme. Elles sont toujours subies par une partie importante de la population, c'est-à-dire le bas de l'échelle des classes moyennes et principalement les classes défavorisées. Dans le monde, certaines crises, ont eu lieu au siècle précédent, en Extrême-Orient et en Amérique du sud, surmontées difficilement toujours au détriment des classes sociales défavorisées.

La puissance prédatrice de la finance

Le progrès de la technologie est donc un évènement extérieur, une force qui peut modifier le fonctionnement des systèmes économiques. Le cas le plus fréquent était celui de la saturation de la demande[83], du type crise des tulipes, comme décrit plus haut, qui se termine en crise financière et perte de liquidités.

---

[82] Un exemple actuel : le commerce numérique qui s'appuie sur l'invention de l'électronique.
[83] La plupart des produits ont une durée de vie variable (courbe en cloche), impossible à prévoir.

Crise financière

Toutes les parties prenantes vont donc en subir les conséquences. En premier lieu l'ouvrier producteur dont on a moins besoin depuis que l'automatisme le remplace de plus en plus. L'explication du chômage, comme variable d'ajustement, se retrouve bien dans la *décroissance monétaire : perte d'emploi équivalait à perte de pouvoir d'achat, donc diminution de l'activité*. Seuls ceux qui ont des réserves pourront en atténuer les effets. Les classes les plus défavorisés subiront les difficultés des revenus des producteurs. Le chantage à l'emploi, dû à sa précarité, en accentue les effets. Sans compter le surendettement. Par ailleurs, sans avenir visible, même les classes moyennes ne prendront pas le risque d'un crédit, ce qui sera évidemment ressenti par les banques malgré un possible effet attractif dû à des taux d'intérêts faibles. A moins que l'Etat, par l'intermédiaire d'une Banque Centrale souveraine, intervienne en facilitant son accès en taux et en durée[84]. Encore faut-il que cette intervention ne soit pas trop tardive pour être efficace.

L'ordinateur a été créé pour aider la science dans ses calculs, ensuite pour l'entreprise pour un meilleur rendement (gain de temps), et enfin pour les particuliers, débouchant sur la communication sur Internet. Cette technique a été introduite de façon universelle alors qu'elle était initialement prévue pour les seuls besoins de communication militaire aux U.S.A. Là, également, une bulle spéculative a éclaté dans les années 2000 en Bourse, due aux créations excessives d'entreprises offrant de nouveaux

---

[84] C'était le cas pendant les « trente glorieuses ».

services informatiques. La demande au niveau des particuliers n'était pas connue initialement, mais, figurant parmi les besoins fondamentaux de l'homme, la communication[85] devait naturellement prendre une place importante. On observe actuellement un début de compensation à la crise boursière qui a suivi un excès de demande, par le e-commerce qui se développe rapidement.

La crise des « subprimes », a commencé en Floride. C'est en 2007, que des populations à faibles revenus se sont surendettées dangereusement, alléchées par les propositions des banques pour des achats immobiliers, au point de ne plus pouvoir faire face à leurs remboursements mal anticipés aussi bien de leur fait que de la part de ces banques. Les responsabilités ont été partagées. L'effet secondaire imprévu, stratégie de l'offre, est venu des défaillances des emprunteurs qui se sont cumulées. Bien que quelques rares économistes aient entrevu la future catastrophe, les forces monétaires en mouvements, qui étaient en jeu dans le secteur immobilier, ont atteint leur niveau critique avant qu'on ait pu les contenir. Ce n'est donc pas par hasard que cela s'est produit dans un pays où la circulation monétaire est considérable dans de nombreux secteurs économiques. Des mouvements de fonds de grande ampleur ne peuvent plus être contrôlés, lorsqu'ils ont fonctionné depuis un certain temps.

Crise des investissements

---

[85] Le besoin d'expression a été décelé il y a 300.000 ans, donc dès l'apparition de l'homo erectus : trace sur un coquillage (Science et Avenir décembre 2014)

Le phénomène de baisse des investissements sur des produits durables comme l'immobilier, s'est propagé alors à tous les prêteurs arrêtés dans leur élan, avec ce que cela suppose de déconnection de la masse monétaire en cours, ralentissant la production, entraînant les faillites d'entreprises, suivies évidement des pertes d'emploi. Le schéma (figure 3) de production correspondant, diminue la cohésion du système global. Notamment l'adhérence (dans le sens psychologique) diminue, le manque de confiance suit, qui désamorce la force du système.

Figure 3

Variation de l'emploi selon l'adhérence (confiance) entre force monétaire et force de travail.
(Pondérée par la productivité et le solde du commerce extérieur)

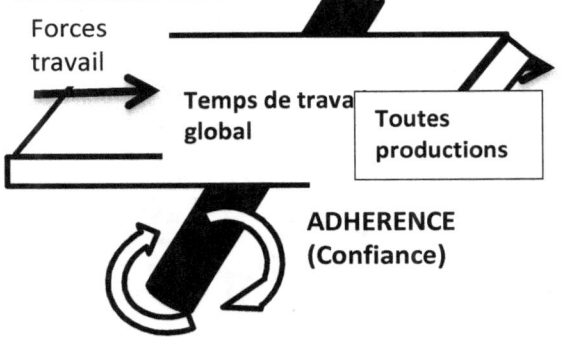

Forces travail

Temps de trava **global**

Toutes productions

ADHERENCE (Confiance)

Force motrice circulaire monétaire (Achats)

Les crises sont donc toujours des crises systémiques, qui commencent ou finissent par des crises financières : pertes d'actifs, de liquidités. En cas de déséquilibre, avant toute autre intervention pour y remédier, il faut rétablir cette confiance. Seule façon d'encourager les investissements. Ce que d'ailleurs F.D. Roosevelt a réussi en partie à faire après la crise de 1929, sur les conseils de J.M.Keynes[86]. Bien entendu, un chômage en progression est un signe défavorable aux yeux de toutes les parties prenantes, il a fallu beaucoup de persuasion de la part de F.D.Roosevelt pour relancer l'activité.

Trop de richesses mal réparties, l'insuffisance de liquidités, la déflation, comme c'est le cas actuellement parmi certains pays de l'U.E, peuvent être l'origine d'autres crises. La décroissance actuelle en Europe est la conséquence de la volonté, de la part des dirigeants, de diminuer l'inflation, jugée trop importante, à la fin de la période des « trente glorieuses » en France – inflation inévitable car toujours liée mécaniquement à la croissance. Ceci toujours pour éviter la tendance à la perte de valeur monétaire des possédants, dont les prêteurs, qui risquent le plus d'en subir le plus les conséquences à terme[87]. Le lobby financier réussit à influencer les dirigeants dans ce sens.

---

[86] Le « New deal » de Roosevelt a en partie porté ses fruits, grâce à la persuasion exceptionnelle de ce dernier qui a rassuré le pays. Il a redonné confiance aux investisseurs dans la capacité du pays à retrouver la dynamique de la croissance. Il faut ajouter, toutefois, que les investissements dans le réarmement, pour faire face à celui de l'Allemagne, y a contribué.

[87] Op. cité

Parmi les rares économistes américains qui ont prévu la dernière crise des « subprimes », aucun n'a capable de dire à quel moment elle éclaterait. Pour en comprendre la raison, il suffit de se reporter aux premiers chapitres traitant de l'origine des marchés. En effet, la circulation de l'argent, est un flux financier, qui, comme on l'a vu, a une composante qui est le temps de déplacement. Lequel dépend évidemment des forces qui animent les flux. Or ceux-ci ont des sous-systèmes extrêmement nombreux et divers. Ils s'agrègent en catégories selon leur origine, producteurs, intermédiaires, services, etc., pour former de très grandes forces différentes, évoluant dans un sens qui leur est propre. Ces acteurs vont les propulser vers l'activité générale, mais dans certains cas les forces réunies dans le même sens, vont faire éclater une bulle par manque de débouchés quelque part dans le réseau de « tuyauteries ». Il est impossible de l'éviter…à moins d'avoir en permanence accès à ces données, de les repérer, et d'avoir les moyens et la volonté de les réguler[88] à temps. On peut comparer cet éclatement à « l'effet papillon » bien connu. Comme on va le voir (chapitre « Renverser la table), ce repérage n'est possible, en théorie, que si cette monnaie financière en excès se distingue dans l'ensemble des flux (Chapitre « Renverser la table, deux monnaies nationales).

Depuis les dernières décennies, aucun frein, aucune soupape de sécurité n'existe pour réguler la croissance exponentielle de la masse monétaire des marchés financiers spéculatifs. Les sommes des profits spéculatifs se cumulent. Ils peuvent se transformer en richesses

---

[88] Statistiques disponibles grâce aux organismes tels que la Cour des comptes l'ISEE, Eurostat, OCDE.

relativement stables, rachetant des entreprises, achetant des biens matériels, ou des actifs boursiers ou immobiliers. Mais ces liquidités peuvent former des bulles à nouveau prêtes à éclater dans un marché de valeurs encore en mouvement. Dans les années 2000, la moyenne du profit a pu atteindre 15 % pour les actionnaires des grandes entreprises [89].Nous verrons au chapitre suivant comment lutter contre cette tendance aux crises par accumulation de richesses.

Crise de la dette (souveraine)

En ce qui concerne la crise dite de la dette, qui, comme on l'a vu, est, le plus souvent, la conséquence de l'austérité, on ne connaît que peu, du moins dans les médias, les échéances des créances des banques et autres organismes prêteurs envers les Etats. Ceux-ci en subissent indirectement les conséquences par la baisse des rentrées fiscales. Chaque organisme financier, malgré les faibles écarts des taux de rendement (chaque intermédiaire prenant une part supplémentaire, notamment les assurances), se lance dans des achats de très courts termes dans une course quasi instantanée (grâce aux ordinateurs) au meilleur rendement des taux d'intérêt, prennent peu de risques grâce à des organismes d'assurance[90]. La volatilité de ces échanges rend la masse monétaire difficile à contrôler.

---

[89] Ce niveau de profits est exigé des opérations boursières. Isabelle Pivert (Le monde diplomatique, mars 2009) : la religion des quinze pourcents.

[90] Garanties liées désormais aux notes des agences de notation.

L'erreur, la faute, des décideurs de la finance comme des dirigeants des grandes entreprises, a été de croire que cette tendance à l'utilisation systématique de l'offre de crédit pourrait se poursuivre indéfiniment sans qu'une bulle éclate, - aboutissement quelquefois prévu par des Cassandre de l'Economie, dont J.Stiglitz - issue de l'accumulation des effets secondaires, plus que celle de la demande, peut provoquer par l'inflation du crédit. La trappe s'ouvre alors sous la masse monétaire financière devenue plus lourde. Les régulations, aux excès spéculatifs financiers sur le marché financier, sont inexistantes : il faudrait au moins qu'à chaque emprunt correspondent des fonds propres de prêteurs plus importants que les 8% dérisoires actuels[91], de façon que cela n'entraîne, en cas de crise, que la disparition de leurs propres actifs en réserve, sans effet boule de neige. Jouant cette fois avec leur propre argent les opérateurs seraient plus prudents…pendant un certain temps.

D'après Paul Krugman[92], les crises surviennent en général où et quand on ne les attend pas et de toute façon avec une ampleur incontrôlable. Ce qui s'explique par le fait que dans les flux de monnaies de toutes origines, tout se rencontre, tout s'échange, à une vitesse telle qu'il est presque impossible de faire le moindre pronostic sérieux sur une éventuelle explosion d'actifs cumulés. De systèmes en sous-systèmes, pays par pays, les inter-réactions sont très complexes, au point qu'en s'agglomérant de façon souterraine, elles sont aussi difficiles à connaître que l'effet « papillon » à partir de prévisions météorologiques.

---

[91] Règles dites de Bâle III, organisme directeur des banques.
[92] Prix « Nobel » d'économie (2009),

Les quelques barrages bancaires aux mouvements de capitaux qui subsistaient, ont été progressivement supprimés avec la mondialisation, dès les années 80, suivant en cela les recommandations des traités européens. Mais, se sont probablement dit les décideurs et profiteurs de la finance internationale, « tant que cela fonctionne ... ». Sous-entendant, que leur rôle étant indispensable, ils seront toujours secourus, par les pouvoirs publics qui sont de plus en plus dépendants du système. Ce qui n'est vrai qu'en partie, car, du moins aux U.S.A, on commence à exiger plus de transparence de fonctionnement, et cet Etat, comme la Grande-Bretagne, n'a pas hésité à nationaliser une banque pour arrêter l'hémorragie financière en 2008. Avec ce que cela suppose de répercussions sur la population : compensation effectuée par les impôts.

Avant la crise des « subprimes », J.Stiglitz a suggéré de placer les fonds souverains dans une « réserve », servant de cantonnement aux excès de liquidités[93]. Cette technique ne serait possible que si la mise en place d'une monnaie spécifique (Chapitre « Renverser la table, deux monnaies nationales) permettait de distinguer la « bonne » monnaie, celle qui transporte les biens de la « mauvaise » qui spécule sur son auto-enrichissement. Paul Krugman, n'apporte, lui, aucune réponse technique aux dérèglements. Comme le disent certains économistes, il y a bien des signes avant-coureurs qui permettent de tirer la sonnette d'alarme, mais en vain : non seulement l'apparition d'une bulle est difficile à connaître, mais chacun espère pouvoir être à l'abri...

---

[93] C'est quelques fois le cas actuellement quand des banques placent leur argent en le « prêtant » à la France sans intérêt.

Frédéric Lordon, provocateur, propose dans « Pourquoi il faut fermer les Bourses » [94] de freiner la spéculation internationale. Où l'on reparle également de taxer les mouvements de capitaux, comme l'a préconisé Attac [95]depuis des années. Destinée a priori par les promoteurs de cette idée, à freiner les flux financiers spéculatifs, la Taxe sur les Transactions Financières (TTF) risque d'être récupérée et réorientées vers une simple ressource budgétaire supplémentaire, sans l'option freinage. Le dilemme étant : trop freiner ces mouvements risque d'éloigner les financiers, « normaux », dont le pays a pourtant besoin (investissements). Ou de faire monter les taux d'intérêt, par simple compensation de la perte subie par les prêteurs. Où l'on voit que la dynamique monétariste rend difficile la régulation économique.

La libération internationale des mouvements de capitaux pouvait se justifier pour faciliter les *échanges commerciaux* (laisser-faire) [96] dans l'intérêt réciproque des entreprises et des pays. Les détenteurs de capitaux purement financiers se sont empressés de se lancer dans la brèche ouverte par les traités européens pour les faire fructifier partout dans le monde. Le dogme du consensus de Washington[97], bien qu'il soit contesté par les alter-

---

[94] Le Monde diplomatique mars 2010

[95] Association pour la taxation des transactions financières et l'aide aux citoyens

[96] Libérer les échanges de marchandises entraîne la prospérité. Principe qui a émergé au 17e siècle (Adam Smith), et suivi par d'autres libéraux tels que Turgot.

[97] Doctrine de quelques économistes américains, dont John Williamson, des années 80 qui ne jurent que par le marché (dit autorégulé) libre et

économistes, a renforcé cette tendance. Si l'on continue à maintenir ce scénario de la stratégie de l'offre, sans contrôle étatique, on risque un séisme encore plus violent, par réaction. Selon certains, il serait suivi de la suppression des libertés, instaurant un Etat quasi totalitaire, pour réprimer les violences sociales qui surviendront. C'est l'une des raisons qui font dire qu'il est temps de mettre des obstacles au libéralisme débridé[98], devenu violent à force de fonctionner dans le même sens.

Sur les marchés financiers, il n'y a plus ce frein naturel du rythme relativement lent de la force du « travail », établi sur un socle travail-temps propre à l'autofinancement de l'entreprise. Les investissements dans la production ont été oubliés parce que leur rentabilité était trop lente, comparée à ceux du capital boursier, rapidement accumulée par le crédit, argent facile, bien que risqué. Son nouvel usage a laissé trop de place au temps court, variable difficile à maîtriser. Le temps, composante du travail originel, présent dans les plus-values monétaires sur le marché de production, s'est détaché de celles-ci, au profit du rendement rapide des propriétaires du capital et de la grande entreprise.

Actuellement pour essayer de maintenir un niveau de croissance économique acceptable, les banques centrales sont contraintes de diminuer les taux d'intérêts,

---

non faussé. L'Etat n'étant pas une entreprise, ne doit pas intervenir, tout devant être privatisé. Y compris la protection des individus.

[98] Au moment o* ces lignes sont écrites, des membres éminents du FMI tirent la sonnette d'alarme en dénonçant ses excès. Mais sans donner de solutions.

jusqu'à les faire descendre à un niveau proche de zéro. Avec pour objectif la reconstitution de la masse monétaire encore par le crédit, mais à condition qu'il y ait en face un accès possible (confiance réciproque). La BCE a été obligée d'accentuer cette forte baisse des taux d'intérêt. Alors qu'elle était censée ne pas répondre à des pressions d'ordre politique, elle a dû faire face à une situation de crise. Ce qui confirme que cet instrument dont on a limité le rôle dans l'économie ne peut plus rester que technique. Tout faire pour éviter l'augmentation des salaires réels n'est pas neutre : il a pour but essentiel de protéger la rente et non, comme l'a pourtant affirmé son ancien directeur, protéger les masses populaires des pertes de pouvoir d'achat systématiques, estimées non compensables, comme l'a été l'exception allemande des années 1920 due à une inflation exponentielle incontrôlée suivie par une déflation également incontrôlée. Cet emballement fut une exception, due à un dépassement de seuil de masse monétaire évoqué plus haut[99].

Crise de l'offre

Un excès de l'offre, qui ne serait pas en phase avec un pouvoir d'achat suffisant, peut déclencher une crise par surproduction. Ce manque de débouchés est quelques fois signalé comme ayant été à l'origine de la crise de 1929. La production aux U.S.A avait été considérablement augmentée par une motorisation de la production agricole et industrielle. Le dernier cas, qui lui ressemble, est celui de la crise des « subprimes » de 2008, déjà rencontrée, la surproduction immobilière ayant entraîné un déphasage

---

[99] Contrecoup de l'importance des indemnités de guerre dues aux alliés.

entre production demandée et pouvoir d'achat insuffisants, donc de remboursements non suivis. Dans tous les cas, quelle qu'en soit l'origine, matérielle ou financière, pour éviter les crises, la circulation monétaire doit être régulière. Pour cela il faut au moins maintenir un équilibre dans le volume des masses monétaires qui nourrissent l'activité économique, le salariat, l'Etat, et la finance. Tout manque de liquidités doit être aussitôt compensé pour éviter ce déséquilibre.

On en déduit qu'un défaut d'allocations de la part de l'Etat (rigueur budgétaire), une baisse de la masse monétaire salariale (chômage), une réticence de la part des prêteurs à injecter des liquidités sera source de décroissance. La pression pour diminuer les dépenses, autrement dit l'austérité, enchaîne la baisse de la croissance dans un cercle vicieux de tendance déflationniste. Le capitalisme financier pourra alors acheter à bas prix entreprises, immeubles et même services publics, qui reprendront de la valeur par la réinjection des liquidités après ces opérations. Ce cas a été parfaitement flagrant lors du coup d'Etat du Chili (Naomi Klein : « La stratégie du choc »). Il a été question en Grèce au moment où ces lignes sont écrites de privatiser l'entreprise nationale des chemins de fer. Le port du Pirée, et des aéroports bénéficiaires, a été cédé par l'Etat à la Chine. Ce type de bras de fer a eu lieu en Argentine il y a une décennie, mais celle-ci a résisté, difficilement mais victorieusement, à la pression bancaire en se refermant sur elle-même, ne pouvant compter que sur ses propres ressources.

Les entreprises exsangues ne pourront que se vendre aux grandes entreprises, celles que leur puissance capitaliste leur a permis de résister au choc. Le capitalisme pourra accroître sa puissance patrimoniale.

La source de la puissance des entreprises est la propriété des outils de développement. Leurs actions monétarisées, ainsi que les taux d'intérêts qui lui sont liés, nous ont fait comprendre leur rôle dans les flux financiers (Figure 1). Si la stratégie de l'offre est devenue indispensable comme force d'appoint du système économique en mouvement, il ne faut pas négliger celle de la demande. Chacun des deux systèmes, produisent des effets secondaires, usure et déchets, car ils concourent ensemble à l'augmentation de l'activité générale. Les propriétaires de l'outil de production s'arrangent pour prendre au passage ces plus-values qui représentent parfois une part importante de ces richesses.

Ces détournements dans la redistribution des richesses, qui sont happés par la « force centrifuge », ralentissent l'activité générale. Les crises et le chômage peuvent s'installer puisque la production diminue en attendant un retour vers un pouvoir d'achat suffisant[100]. Et si le chômage s'installe, celui-ci diminue, dans un cercle vicieux prédateur, difficile à interrompre. Le détournement de fonds ainsi capitalisés, ajouté aux gains de productivité

---

[100] Il y a deux spéculations, celle qui n'a pour but que l'augmentation de la force de production, et celle qui n'a pour but que d'augmenter la puissance d'achats de certains, qui devient prédatrice de ce seul fait. Les financiers apportent un supplément de « pouvoir d'achat » apparent par le crédit. Mais ce système – outil surpuissant entièrement dû au gain de temps - est variable, et peut même être source de catastrophe si le pouvoir d'achat des emprunteurs est trop faible pour apporter des remboursements fiables. Voir la crise des « subprimes ».

est à l'origine du chômage de masse. Ce sont les détenteurs de capitaux qui en sont toujours responsables[101].

L'évaluation des biens n'est considérée comme valide depuis la création de l'argent, que par habitude (Chapitre « Rôle paradoxal de l'argent). Ce qui explique la prédation de l'argent accumulé en capitalisme financier devenu plus puissant que le capitalisme productif. De plus en plus éloigné de la valeur travail, il n'a pas de limites à son expansion. La cause de cette irrationalité, la dangerosité mortifère des crises à répétition pour les sociétés humaines fondées sur les marchés libres, provient de l'immatérialité des valeurs monétaires. La valeur travail devient proportionnellement de plus en plus faible, dans la valeur argent financier.

La plupart des aides de l'Etat aux entreprises se transforment en effet d'aubaine, inefficace pour le développement, parce que ces incitations ne répondent pas à la satisfaction des besoins réels des acheteurs. L'effet de levier du réemploi de l'argent dans l'entreprise n'est pas garanti. C'est le risque du système libéral, qui, en cas de mauvais investissements, finit par reporter les mauvais résultats sur l'entreprise, donc sur l'emploi en dernier ressort. Où l'on voit que la richesse produite par le « surtravail » est déviée par les intermédiaires devenues indispensables, que sont les banques privées. Cette richesse est revitalisée et dispersée dans un système sans fin dicté par la compétition entre les grandes entreprises sur les marchés libres. Richesse monétaire déviante qui traduit la perversité du système : on peut donc s'enrichir

---

[101] La concurrence et la cupidité dénoncées par J.Stieglitz (Le triomphe de la cupidité –Acte sud)

sans travailler[102]. Ce que les monétaristes dits pragmatiques considèrent comme normal et naturel. Mais le normal dans la nature est une jungle. On explique ainsi que la concurrence entre les entreprises puisse être faussée par le seul apport d'argent, les plus puissantes absorbent les outils humains et matériels des plus faibles.

POLITIQUE DE L'ECONOMIE

(Le monétarisme, par son mouvement permanent, accentue la puissance de l'argent prédateur)

L'homme sait utiliser son outil naturel : l'intelligence. C'est grâce à ce moyen d'auto défense, que, particulièrement vulnérable dans la nature, il a pu éviter sa disparition rapide sur une terre hostile. Sommes-nous à un tournant de ce type ? La prise de conscience de ce risque pourra-t-elle lui éviter, à terme, les conséquences, au fond toujours permanentes, mais plus ou moins sensibles, des effets prédateurs du libéralisme ultra-marchandisé ? De nombreux dirigeants et économistes, attachés à la comptabilité dite rationnelle parce que chiffrée, sont aveuglés parce qu'ils tirent parti, pour eux-mêmes, de l'inégalité des redistributions des richesses. Les dirigeants économistes (humanitaires) du système politique, pourront-ils montrer comment reprendre la main, en modifier certains paramètres et le rediriger dans un sens moins dramatique que celui annoncé ?

---

[102] Il faudrait euthanasier les rentiers a dit J.M Keynes. Même en faisant la part de son humour, l'outrance de la formule explique peut-être pourquoi ce grand économiste n'a pas eu le prix « Nobel ». Il s'agit pour nous seulement de les anesthésier, c'est-à-dire de régulation, de freinage, de façon à favoriser le travail, plus que la finance.

Tout outil est un système qui sert à modifier un état qui engendre toujours un, et parfois plusieurs effets secondaires. L'argent-outil est à la fois source de développement de l'humanité, et, indirectement, responsable des horreurs historiques – souvent guerres de conquête de territoires - que l'on connaît. Reconnaissant l'importance du fonctionnement libre du système monétaire, la philosophie de l'Economie monétariste de l'Ecole de Chicago, considère qu'il ne doit pas se contrôler, quels que soient les inconvénients que la loi des marchés libres implique.

L'offre de production matérielle est de moins en moins importante au regard des productions immatérielles. Dans ces conditions, peu importe si la croissance est infinie, puisque c'est *la création monétaire et sa rotation qui créée de nouvelles richesses monétaires par auto-croissance de celles-ci*[103]. Le plein emploi pourrait être assuré à terme, si l'Etat dirigeait les flux monétaires à bon escient. Il faut qu'il y ait, face à la production, une masse d'actes d'achats suffisants. Mais l'offre de production, en général, suppose un pouvoir d'achat global de la population parfaitement synchronisé, en phase avec cette offre. Il faut encore insister sur ce point crucial : ce n'est certainement pas l'entreprise qui est à l'origine de la croissance, ni de la création d'emplois, mais le « consommateur », l'acheteur dans tous ses états, avec toutefois une consommation plus ou moins bien dirigée par l'acteur entreprise. Ce que l'Etat peut également faire, encore plus facilement, par la régulation des échanges.

---

[103] L'Islande avait atteint un très haut niveau de vie individuel, avec une production matérielle faible, mais intellectuelle forte.

Si l'Etat garantit bien la valeur de la monnaie interne, quand il bat lui-même sa propre monnaie, il n'évite pas ses effets pervers. *On comprend que, dépassant un seuil critique, le déséquilibre entre le capitalisme financier, non régulé en France depuis la privatisation bancaire, comme dans la plupart des pays occidentaux, et celui du capitalisme productif, soit devenu pernicieux, au détriment de l'investissement. L'Etat aurait les moyens légaux de le faire si, comme on va le voir (ch. Comment renverser la table), il renationalisait une ou deux grandes banques*[104].

La monnaie est un système qui comme tel ne peut s'auto-rééquilibrer qu'après avoir réintroduit de nouvelles forces compensant les pertes de masses monétaires dues aux crises. Pour éviter les risques d'explosions, il faut que les flux monétaires continuent à circuler, en progression modérée, mais permanente. D'où l'aide récente aux banques pour remplacer les liquidités perdues après la crise des « subprimes ». L'activité continue, et fait fonctionner le pays, mais au ralenti, si ces liquidités ne sont que des simples et légères compensations. Ce qui revient à dire que, si on laisse faire, on risque toujours des infarctus économiques.

Et l'emploi ? (Figure 3)

Nous avons effleuré, à plusieurs reprises, les relations entre la dynamique monétaire et l'emploi. De nouvelles productions qui se perfectionnent, modernisent en permanence les sociétés, nécessitent une gestion

---

[104] Sur le site « www.voixcitoyennes.fr » un sondage montre 90% de résultats en faveur de nationalisations des banques.

administrative privée ou publique assurée par les salariés. En augmentation permanente le traitement des grandes quantités d'informations consécutives au progrès, la rend de plus en plus complexe : surveillance, contrôles spécifiques sont indispensables pour toute nouvelle organisation qui, bien que de façon peu sensible, change ainsi de qualité. Tout système, perméable à son environnement, demande à y être adapté. Des informations, des données imprévues échappent aux automatismes des systèmes. D'où les dysfonctionnements prévisibles et les hommes nécessaires pour les corriger et inventer de nouveaux programmes de vie. On peut imaginer, sinon prédire que des agents spécialisés se formeront pour gérer la nouvelle complexité du monde due au numérique. C'est la compensation que le système génère depuis sa naissance.

J.M. Keynes, dans le titre de son livre clé, a lié trois systèmes, trois notions économiques fondamentales qui correspondent à ce que nous avons-nous-mêmes avancé.[105] Il insiste en particulier sur les effets marginaux du monétarisme qui correspond, tous comptes faits, à l'effet du taux d'intérêt dû à l'offre de crédit, un pourcentage donc, sur le cours de la monnaie. Ce qui est en partie repris, ici, comme un déviant du fonctionnement du système principal. Il a comparé le niveau des taux d'intérêt quand la monnaie est investie dans la production, avec celui de la monnaie investie en interne. Il a pu ainsi en déduire que le

---

[105] L'emploi, la finance et l'intérêt. Bien que le mot Etat ne soit pas présent dans ce titre, il en est question dans son analyse. C'était à l'époque où Einstein – est-ce un hasard ? - de son côté, théorisait les relativités restreinte et générale dans le monde de la physique cosmique.

chômage avait une tendance à augmenter quand le rendement final de ce qui est le capital productif de l'ensemble des entreprises et le capital financier était inférieur à celui-ci. Comme lui nous avons insisté sur l'importance du rôle des investissements, y compris ceux de l'Etat.

Ces relations entre ces systèmes, parfaitement logiques, ainsi synthétisées introduisent les phénomènes psychologiques de réticence aux investissements, au manque de *confiance*, de l'ensemble des populations et des chefs d'entreprises : les propensions à acheter varient si les crises surviennent. Faisant varier également « l'alea moral », la propension à la spéculation de ceux qui ont le pouvoir financier d'agir dans le domaine productif, et les faire basculer dans le domaine financier dont le rendement, devient alors, par comparaison, plus attractif. Ce sont ces forces qui, étant à l'origine de l'activité économique, vont ou non, selon leur importance, diminuer les résultats de ces systèmes. Plus ou moins d'activité, donc plus ou moins de chômage.

L'adhérence solide entre les deux systèmes, la *confiance*, ce maître mot, visible sur les schémas des figures 2 et 3, de cette réalité économique ne se maîtrise pas de façon permanente. Elle s'inspire, à partir de faits avérés, préalables aux décisions des parties les plus concernées, la population et l'entreprise. Ceci malgré, la volonté affichée des dirigeants attachés normalement à la croissance, censée satisfaire ensemble de ces deux entités. En physique dynamique on sait qu'un plan qui est posé sur un cylindre (fig.3), penche et fait tomber ce qui était posé sur lui en équilibre (instable), dès que sa vitesse augmente ou baisse brusquement. Le cylindre a tendance à patiner sans entraîner ce plan : c'est-à-dire, ici, l'emploi généré par la production. Cette logique physique est un phénomène transposable en système économique qui, comme on sait, est aussi régi par des forces. La tendance à glisser si l'adhérence entre les deux systèmes est faible, simule une baisse de confiance réciproque. D'où une baisse de production et le chômage.

L'intérêt lié à la monnaie, agit négativement par contrecoup sur l'emploi déjà spolié par la plus-value, en taxant la valeur travail comme une plus-value. Ce que démontre J.M Keynes dans son livre déjà cité. La stratégie de l'offre favorise l'activité dans un premier temps. Mais la banque est une entreprise intermédiaire, qui la freine en même temps en ponctionnant le pouvoir d'achat par la rente. Les masses monétaires de la rente et celle du salariat sont des systèmes antinomiques, dont les objectifs sont connus : minimiser le salariat pour les premiers, tout en remplaçant son manque à gagner par une valeur récupérée à terme par le prêteur. Le salarié voudrait augmenter son pouvoir d'achat réel, immédiatement, qu'il n'en a pas toujours les moyens[106]. *C'est l'exploitation de ce décalage dans le temps, qui bien calculé, donne cette possibilité aux entreprises et aux banques.*

---

[106] Sauf en période de forte croissance, pendent laquelle les besoins en main d'œuvre exercent une forte pression à l'embauche. Cas des trente glorieuses.

COMMENT RENVERSER LA TABLE

Il faudra obligatoirement commencer par inverser les prémisses du système actuel qui privilégie depuis des décennies et avant toute autre aide, celles accordées de à l'entreprise pour, soi-disant, favoriser l'emploi. En partant des résultats, comme seule preuve de validité d'un processus, en inversant sa logique, les responsables politiques depuis l'abandon du Keynésianisme, introduisent un sophisme coupable de complicité prédatrice du capitalisme. La logique, celle qui a été suivie depuis le début de cet ouvrage serait au contraire, de favoriser en priorité l'ensemble des acheteurs, dont la majorité sont des salariés, pour propulser l'activité et obtenir des résultats grâce au travail.

L'activité d'un pays est dirigée, en faveur ou non de l'emploi, force de travail de l'activité générale, qu'elle qu'en soit la forme. Il suffit de maîtriser le cheminement redistributif de cette force productive pour contrôler l'activité, donc la croissance, donc l'emploi. Actuellement, pour de nombreux pays, l'activité des marchés augmente sur le long terme (croissance du PIB et PEB (Produit extérieur brut), sans qu'elle soit nécessairement suivie proportionnellement par une augmentation immédiate du nombre des travailleurs productifs. Le ralentissement provient du remplacement d'une partie de cette force de travail par de nouveaux outils et automatismes, qui augmentent la productivité (fig.3). Il est impossible de connaître quand aura lieu le rattrapage par une nouvelle production induite, mais on peut dire que la croissance, dans un cycle permanent, à plus ou moins long terme, devrait revenir et finir par produire à nouveau des richesses et des emplois... donc quand le retard du retour sur investissements sera comblé.

Sans attendre, l'Etat pourrait compenser les inconvénients d'un tel ralentissement, grâce à des **investissements productifs et redistributifs** importants notamment grâce aux aides et avantages financiers qu'il octroie à la population : allocations familiales, éducation nationale, primes et salaires des fonctionnaires. Et non comme une antienne patronale essaie, depuis des décennies, de nous le faire croire, en utilisant une expression comme une antienne, que ce sont les entreprises qui *créent* des emplois[107]. Abus de langage car créer suppose de partir de rien, comme une génération spontanée. Alors qu'elles ne font « qu'embaucher » des hommes et femmes, capables d'utiliser les outils nécessaires à la production, sous la pression de la propension à la demande et à l'offre. La véritable source de création d'emplois, insistons sur ce fait qui, souvent, passe inaperçu, bien que cela a été dit à plusieurs reprises. La croissance[108] dépend des investissements, alors qu'en tant qu'intermédiaires les entreprises, certes devenues indispensables pour le recrutement des employés et ouvriers dans l'économie de marché, ne font que répondre à la demande. Possédant les moyens de production elles se sont substituées au producteur-consommateur primaire d'antan qui était son propre employeur. Ceci grâce à

---

[107] Lire l'article de Frédéric London, « Les entreprise ne créent pas l'emploi » (Monde diplomatique 14 mars 2014)
[108] Croissance contrôlée, de type croissance verte, et essentiellement non matérielle.

l'argent devenu l'outil obligatoire qu'elles manient avec dextérité, en priorité, à leur propres avantages.

Ce ne sont pas les *résultats* budgétaires qui, en équilibre ou pas, sont à l'origine de l'activité, mais seulement les *dépenses, comme le montrent les vecteurs qui figurent sur nos différents schémas.* Il est donc absurde de courir après cette chimère qu'on appelle le financement des déficits qui peuvent être circonstanciels, et disparaître si les dépenses, publiques et privées, ont lancé de bons investissements qui augmenteront efficacement la production. Actuellement, les banques, chargées des comptes des producteurs et consommateurs, sont seules capables de savoir d'où vient l'argent et où il part. Comment vérifier ces comptes quand les sommes en mouvements circulaires sur les marchés prennent de plus en plus de vitesse !

La seule façon de contrôler ces mouvements, en les filtrant, serait de distinguer cette monnaie selon son origine, et sa destination, de façon à différencier son usage.

Premières mesures
Deux monnaies nationales

Dans un système en fonctionnement rapide, le temps est l'élément qui rend un mouvement difficilement contrôlable. C'est donc sur d'autres paramètres, tels que l'origine et la destination des informations programmées par les acteurs possesseurs de ces valeurs, qu'il est possible de le faire, ne serait-ce que pour en canaliser une partie et le redistribuer de façon la plus pertinente possible. On pourrait, alors, distinguer la valeur de la monnaie liée au travail, de celle qui dépend uniquement du système financier. Le contrôle du système néolibéral passera donc par la connaissance précise des valeurs monétaires transactionnelles en circulation. Ce qui serait possible si une monnaie était dédiée aux seuls flux financiers.

Puisque que la monnaie est un mouvement de valeur et, comme tel, une force dirigée dans un but préchoisi par le possesseur-actif, l'Etat, aurait les moyens d'en modifier les directions, car, s'il fabrique, recueille et réinjecte les liquidités monétaires par le budget, il peut intervenir dans tous les processus de financement par l'intermédiaire de la Banque centrale[109]. Son rôle, dans ce cas, devrait être de diminuer les effets prédateurs de la puissance de l'argent, en adoptant un régime sélectif de taxations ou de bonus-malus comme il le fait en France pour l'automobile, en acceptant ou non un certain volume d'entrée de la monnaie financière dans la circulation monétaire générale, en la filtrant selon ses origines et sa destination prêts ou achats, de quoi, pour qui, dans quelle intention ?

Il faut et il suffit que les flux en question soient arrêtés dès que la monnaie financière, l'Ecu, par exemple, demande à être convertie en monnaie de circulation primaire, le Franc. Les crises de type « subprime » seraient ainsi évitées.[110] Permettre un taux de change favorable, devrait inciter les banques et les entreprises à ajouter des liquidités dans une circulation monétaire baissière qui

---

[109] Si elle n'est plus sous contrôle de la BCE.

[110] On retrouve ainsi le système du «Glass Seagle act » instauré par Roosevelt après la crise de 1929 en 1933, mais abrogée en 1999, pour séparer les rôles des banques de dépôt des banques d'investissements.

diminue la croissance[111]. L'Etat réorienterait tout le système économique à long terme pour une croissance bien tempérée, contrairement au monétarisme libre qui engendre les prédations sociales bien connues, souffrances et suicides aggravés par les crises et le chômage.

Il est donc indispensable de séparer les actions financières selon leurs aspects purement spéculatifs intempestifs, de ceux qui servent à investir pour produire plus et mieux. Cette séparation banque « d'affaires » et de dépôt préconisée par certains économistes est impossible à réaliser techniquement sans marquage en deux monnaies différentes. En revanche séparer ces flux, par l'informatique en arrêtant leurs mouvements serait facile. Cette technique permettrait de faire progresser l'activité en redirigeant le résultat des forces économiques utiles vers le travail, donc au bénéfice de l'emploi.

Pour la France, il faudra instituer l'Ecu comme monnaie financière spécifique, et le Franc pour la monnaie des marchés primaires.

Les flux bancaire passant d'une monnaie à l'autre seraient matérialisés et filtrés selon les nécessités du moment, comme tout échange de devises selon une parité décidée par l'Etat. Une régulation de l'économie financière qui distinguerait les deux types de mouvements de fonds financiers spéculatifs, des achats particuliers devient possible. Les échanges marchands libellés en francs restent libres comme auparavant. Seuls les flux financiers seront

---

[111] Plus de puissance d'achat ou de prêt pour relancer l'économie rendrait presque « vertueuse » les sommes investies

éventuellement « taxés » selon leur niveau, et leurs destinations par simple différence de cotation. La cote de l'écu serait, généralement, en moyenne égale au franc. Contrôler la pression de la masse monétaire libellée en Ecu s'ajusterait à la pression de la réalité des marchés primaires. S'agissant du droit d'adapter son économie réelle, à son système social, à son Histoire, et surtout au droit élémentaire de se défendre contre les agressions financières, est un devoir élémentaire, que chaque pays peut adopter.

Dans l'Etat qui resterait libéral, la finance privée, pourrait ainsi rester présente si l'on veut profiter de ses liquidités, avec modération, et selon les vrais besoins. Peu importe alors l'importance des capitaux accumulés par la spéculation financière dans leur propre système : ils seront cantonnés aussi longtemps que nécessaire, sans le risque de provoquer une crise financière par excès de prêts lors de leur introduction sur le marché primaire.

Ensuite, Il faudra instaurer[112] le *fordisme « ciblé ».*[113] Le fordisme, augmentation du pouvoir d'achat des salariés, génèrerait une énergie importante dans le

---

[112] L'Etat devra intégralement compenser ces nouvelles charges aux entreprises (Quand les 35 heures ont été instaurées, l'Etat a offert des sommes compensatoires aux entreprises)

[113] Uniquement les bas revenus de façon à ce qu'il n'y ait pas dispersion des valeurs vers l'épargne. Le SMIC serait augmenté d'environ 8 à 10 % dans un premier temps, et son indexation permanente sur l'inflation augmentée régulièrement d'un niveau légèrement supérieur à l'indice officiel. Il faut en effet tenir compte de la période annuelle inflationniste pendant laquelle les revenus n'ont pas changés nominalement. Cette mesure de probité économique devrait être inscrite dans la Constitution.

circuit monétaire, sans se soucier des déficits éventuels à venir si l'Etat compense intégralement les nouvelles charges aux entreprises. Ils se résorberont progressivement par le rendement automatique des investissements. Le rattrapage emploi-croissance (chapitre : Et l'emploi ?) en sera d'autant plus rapide. Ces déficits budgétaires éventuels seront ignorés par la création monétaire régalienne, et si nécessaire, financés par l'emprunt aux banques, tout en encadrant les taux d'intérêt. Ou encore par des grands emprunts obligatoires parfaitement ciblés. L'Etat est théoriquement en capacité d'intervenir, à condition de ne pas être lié par des décisions économiques contraires imposés par l'U.E, et à condition de ne pas se laisser influencer par les lobbys patronaux et financiers.

La seule issue à terme est la confiance en un avenir prometteur c'est-à-dire une augmentation du pouvoir d'achat, sur la durée, des classes défavorisées et moyennes car ce sont elles qui constituent le principal des acheteurs.

Donc, en priorité, redonner sa force au travail en réévaluant les bas revenus, le SMIC, les basses retraites, assorti de l'engagement de compenser réellement l'inflation permanente par une indexation bien calculée[114].

Il faut mettre en cause ici, les responsables, quelques soient leur appartenance politique, qui pensent qu'augmenter les bas revenus, augmenter les allocations diverses à la population la plus démunie, est une mesure purement humanitaire, issue de l'Etat « providence », qui

---

[114] Le simple rattrapage annuel, malgré quelques « coups de pouces » est insuffisant.

pour certains inciteraient à l'inactivité. Certes, on peut la comprendre d'abord comme telle, mais cet ouvrage démontre que c'est également et avant tout, une mesure de pure logique de salut public sur le plan économique ! [115] Ce qui s'oppose aux économistes monétaristes anglo-saxons, les «Chicago boys», qui ont dogmatisés une pensée unique non interventionniste.

L'ECONOMIE EST HUMAINE, qui rend inséparables les deux conceptions, la mécanique et l'humaine. Ne voir que la première, c'est faire preuve d'autisme coupable.

Autres mesures

- Encadrer le crédit pour que les taux d'intérêt n'empêchent pas les emprunts des classes défavorisées. Ce qui suppose ne plus dépendre de la BCE pour les pays de l'U.E
- nationaliser une ou plusieurs banques pour appliquer cette mesure.
- obliger, progressivement, les banques de ne prêter qu'avec des fonds propres significatifs en rapport avec le montant de leur encours. Principe de précaution insuffisant dicté par Bâle III[116].

- nationaliser les grandes entreprises en prise avec le service au public, celles *qui ont été privatisées sous prétexte d'éviter une concurrence dite* faussée.

---

[115] Combattre les inégalités, par le bas, étant la méthode essentielle de pour sortir des récessions. Ne pas augmenter les salaires plus élevés pour éviter la propension à la dispersion financière du prêt.

[116] Ensemble de conventions qui régissent le fonctionnement bancaire international. Cette mesure devient inutile si on introduit une monnaie financière spécifique.

Eventuellement les transformer en coopératives autogestionnaires.

- remplacer, les règles de l'OMC par une charte inspirée de celle de la Havane ou (taux de change et quotas fixés paritairement dans l'intérêt réciproque des pays pauvres et des pays riches).

- instaurer le droit à indemnités (nettes et plafonnées, mais hors système salarial) pour les bénévoles des associations caritatives.

- aider les innovations écologiques pour les économies d'énergie, en taxant de plus en plus fortement la production matérielle nocive qui en est responsable.

- **supprimer progressivement la TVA** : celle-ci exerce un prélèvement fiscal uniquement sur le produit final. Donc sur l'acheteur en dernier ressort. L'entreprise ne fait que transmettre cette taxe sans la subir. Quand elle a été créée dans les années 50 c'était dans le but de permettre aux entreprises de grossir rapidement. Mais en même temps elle fait la part belle aux intermédiaires, sous-traitants. De ce fait les prix augmentaient à chaque valeur ajoutée (marge) par un intermédiaire qui répercute la nouvelle taxation en la facturant à l'acheteur suivant. Les américains, sont restés sagement au système de taxation mixte, sur le chiffre d'affaires des entreprises, et également sur les produits finis, taxes locales, mais faiblement taxés. C'est pourquoi la vie est moins chère aux U.S.A. : du producteur au consommateur.

Si la TVA a été adoptée un peu partout dans le monde, c'est dû à la concurrence des performances entre les entreprises. Les américains ne s'en préoccupent pas, car leurs entreprises sont plus puissantes et parce qu'ils sont armés contre l'importation, grâce à un dollar fort. Ce système, est intéressant quand on le lance, pour les entreprises naissantes qui ont moins de charges. Mais finit par perdre son intérêt avec le temps.

Que deviendrait la Bourse dans pareil contexte [117]? Évidemment le CAC 40 pourrait disparaître comme indicateur d'un potentiel économique qui n'aurait plus accès au marché du premier degré. Ce qui supprime pratiquement les inconvénients des mouvements erratiques qui aboutissent aux crises boursières. Les plus-values, puisqu'elles subsistent dans l'option libérale, seront cette fois réparties non seulement entre l'impôt et l'actionnaire à l'avantage habituel de ce dernier, mais taxées avec incitation à l'augmentation des salaires internes à l'entreprise. Le partenariat, l'intéressement[118] existe déjà, mais reste insuffisant et peu fréquent.

Toutefois, le rôle premier de la Bourse, qui était de permettre de capitaliser les sociétés qui y figuraient, pourrait subsister puisque le marquage en écus des plus-values permet de contrôler ce marché. Le taux de change entre l'écu et le franc varierait comme prévu selon les besoins de financement du marché primaire, éloignant la spéculation intempestive, pour ne garder que la « spéculation » dirigée essentiellement sur les investissements d'Etat et d'entreprises. La Bourse

---

[117] Avantage de toute façon de moins en moins fréquent.

[118] Suppression des avantages particulièrement indécents (retraites chapeau, etc.) ou au moins les libeller en écus pour éventuellement en abaisser la valeur au moment de l'échange en francs.

disparaitrait en quelque sorte, pour corroborer l'article de Frédéric Lordon[119] qui a posé la question de sa nécessité.

L'Etat jouera le rôle qui est le sien, protéger et réguler l'Economie sociale. Les libéraux crieront au protectionnisme, considéré souvent comme fauteur de guerres[120]. Il ne s'agit pas de protectionnisme sur les échanges mercantiles, mais financiers. Réguler, contrôler les excès c'est, au contraire, éliminer les risques d'agression.

Certes on ne supprimerait pas totalement l'option ultralibérale, celle où les impulsions monétaires du crédit, la stratégie de l'offre, activent tous les marchés : les structures mises en place par le libéralisme seront toujours complémentaires à celle de la demande que celle-ci soit satisfaite ou non. Mais en plaçant progressivement le curseur énergétique sur le travailleur avant l'entreprise, le système Economique actuel sera modifié. C'est la formule logique de toujours, considérée comme naturelle, qui est préconisée ici. Les altermondialistes espèrent pouvoir changer fondamentalement le système économique à partir d'un changement politique. Effectivement une Economie (mieux) dirigée peut avoir des avantages aussi bien pour l'Ecologie que pour une population solidaire[121]. Le retour à

---

[119] (Et si on fermait la Bourse : « Le monde diplomatique – Février 2010).

[120] Ce protectionnisme qui serait dangereux au niveau international, est considéré parfois comme la cause du déclenchement de la guerre 39-45, alors que ce n'en était que l'un des prétextes de la part de Hitler (Espace vital, Mein Kampf). Il y a abus de langage.

[121] Le keynésianisme est repoussé par Michel Onfray, car considéré comme simple un réformisme, un libéralisme de gauche. Ce qui a pu effectivement être le cas jusqu'aux années 70. Pourtant c'est au nom du pragmatisme qu'il préconise le proudhonisme, l'émancipation civile,

un système économique qui a fait ses preuves, comme peuvent en témoigner ceux des générations qui ont vécu le milieu du XXe siècle, est le seul recours à la crise économique. Pour éviter d'autres crises, le contrôle de la stratégie de l'offre par un rééquilibrage économique différent, est capable d'entamer une nouvelle croissance, susceptible d'aller vers le plein emploi.

CROISSANCE ET PROGRES

Il faut donc revenir à une Economie naturelle, où les citoyens reprendraient l'initiative, où le travail serait à nouveau reconnu, en toute légitimité et en tout logique.

La répartition des richesses se fait à partir des plus-values de production. Tant que le rôle de l'homme n'a pas été totalement remplacé dans l'Economie libérale par la machine, celle-ci est inégalitaire. Dans ce cas, les augmentations de production, matérielles et spirituelles, devraient être suivies par une augmentation infinie du nombre des outils (effet boomerang) pour répondre à *de nouveaux besoins humains*. Dans la mesure où la satisfaction des besoins de nourriture peut être considérée, dans les pays occidentaux comme arrivés à saturation, c'est sur la satisfaction de besoins de protection, et celle de besoins spirituels que des progrès seront toujours possibles. « L'a-croissance » préconisée par certains écologistes ne peut donc porter que sur les excès de consommation matérielle. Son éventuelle généralisation, qui arrêterait et ferait stagner le PIB ne peut qu'accentuer la baisse d'activité donc le chômage. Répartir la production en baissant le temps de travail de façon uniforme ne peut être

---

fondée en grande partie sur l'autogestion, économique citoyenne. Ce système politique prendrait le pas sur l'hégémonisme ultralibéral.

efficace dans une période où déjà elle stagne, où le travail manque. C'est une fois de plus un sophisme qui consiste à prendre les résultats chiffrés nuls ou négatifs de mouvements, comme prémisses, pour les renverser. Dans une période d'activité croissante, la baisse du temps de travail viendrait naturellement, comme cela a toujours été le cas.

Tous les problèmes du système économique libéral actuel viennent du fait que l'argent, dématérialisé par sa représentation écrite sous forme de billets, après l'essai raté des assignats, est devenu presque entièrement scriptural dans des comptes bancaires. Il est dégagé de la constance et consistance que lui donnait son poids métallique. Le système monétaire cyclique fonctionne en permanence impulsée par la création monétaire inflationniste ou non. La progression quasi fulgurante des masses monétaires scripturales en circulation, vient du fait que rien, sauf les crises, ne le ralentit. L'argent est devenu quasi autonome dans le système économique : il se perpétue, toujours initié par la force du travail, quelle qu'en soit la forme physique ou intellectuelle, mais toujours amplifiée par son propre fonctionnement. Certes la puissance intrinsèque de l'argent existait du temps où il était représenté uniquement matériellement, mais les excédents de la richesse produite n'augmentaient que progressivement à une échelle réduite par la durée des transactions et de transports lents et difficiles. Les banques, intermédiaires comptables avisés, sont devenus un rouage incontournable dans la circulation de cette masse monétaire. Le risque change de forme : on ne peut garantir sa transmission parfaite et définitive en toutes circonstances[122] en donnant priorité aux entreprises et à la finance.

Epilogue ? Fin de l'Histoire ?
La politique économique sociale et solidaire.

On a vu que l'effet pervers du système argent libéré apparait dans le domaine purement social aussi bien pour le développement bénéfique (investissements) que pour ses prédations. Est-ce inéluctablement la rançon du progrès ?

Les besoins immatériels de « l'homo sapiens » ont autant vocation à être satisfaits que les besoins matériels. C'est-à-dire tout ce qui concerne les valeurs tels que le plaisir, l'amour, le spectacle, l'art et la culture en général, les loisirs, la santé et tous les services qui permettent à l'homme de s'échapper de sa condition humaine et d'organiser toujours plus de bien-être. Ce n'est pas par hasard qu'il existe également des *producteurs* dans le domaine du spectacle. Combien de nouveaux emplois dans ce domaine ont été créés, par exemple, à la télévision ? Combien de nouveaux « métiers » sont apparus depuis quelques dizaines d'années [123]

Dans tous les domaines privés et publics pour gérer le quotidien, l'activité est de plus en plus complexifié par la

---

[122] Un « bug » inexpliqué est arrivé en Bourse il y a peu, avec des conséquences aussi dangereuses qu'une crise étant donné les sommes en cause.

[123] On peut citer tout ce qui concerne l'écologie. Par exemple, les entreprises de recyclage.

extension du numérique. Tous les effets secondaires cumulés, sont sources de problèmes du système en mouvement : diversification des « actes d'achats » de la population. Il sera de plus en plus nécessaire de trouver des spécialistes capables d'aider à leur gestion au quotidien. Ce qui obligera à embaucher dans le privé davantage d'administrateurs d'entreprises, et dans le public davantage de fonctionnaires municipaux et nationaux ne serait-ce que pour appliquer les lois et règlements qui sont de plus en plus nombreux pour répondre à cette complexité[124]. La monnaie circulante, qui a fait transiter les biens matériels pendant des siècles, continue à chiffrer tout type de valeurs qui proviennent du travail humain, même s'il s'agit plus d'occupations que d'efforts physiques. Il faudra la gérer également.

S'il est possible de connaître le coût des valeurs immatérielles produites, il est impossible de chiffrer la satisfaction apportée à la population, parce qu'elle est, par définition, totalement subjectivée. Ce type de besoins à satisfaire est infini comme est l'imagination des producteurs qui les récupèrent pour les traiter. Les valeurs des services comptabilisés dans le PIB, complètent de plus en plus le chiffre de la production des biens matériels qui eux augmentent peu ou stagnent. Au besoin de protection matérielle, l'habit par exemple qui progresse grâce à la mode, il faut ajouter les soins à la personne. Dans le besoin de communication tel que le transport physique figure aussi le besoin de transmettre des valeurs sociales communes universelles. L'homme est un animal qui s'exprime pour vivre en société.

---

[124] Plus d'un millier par an.

Satisfaire et transmettre ces besoins spirituels a un prix. Le volume de la masse monétaire ainsi générée augmente inéluctablement et tend à prendre le relais des productions matérielles qui arrivent à des niveaux excessifs dans nos pays occidentaux. La croissance en rend compte et devrait mécaniquement contribuer à créer des emplois nouveaux. Dans ce cas elle doit être toujours favorisée. Cette monnaie n'a pas besoin de beaucoup de ressources énergétiques naturelles. S'agissant de valeurs spirituelles, elle est pratiquement sans effets pervers sur l'environnement.

La stratégie de l'offre est celle de l'incitation à satisfaire les besoins essentiels de la population, mais déclinés sous des formes diverses, perfectionnées, de façon à en augmenter la valeur, les plus-values. Les envies secondaires qui en sont issues, sont considérées comme étant susceptibles importantes d'augmenter la satisfaction dans la majeure partie de la population. Nous l'avons évoquée en admettant que le modernisme ainsi apporté pouvait apporter bonheur et prospérité. Le curseur de l'augmentation de la masse monétaire est donc depuis longtemps dirigé en priorité sur l'entreprise. Doctrine fondamentale du libéralisme dont sont imprégnés les acteurs et décideurs du système libéral, qui explique également les errements et crises économiques, donc sociales, quand les flux monétaires n'agissent pas de façon harmonieuse, mal dirigés vers le progrès. La stratégie de la demande, pourtant à la base, qui supporte celle de l'offre reste éloignée. C'est celle de la dépense brute comme l'a constamment préconisé J.M. Keynes. Elle doit être prioritaire et directe et sera plus efficace, parce qu'immédiate. Une croissance suffisante, constamment régulée, alimentée à la fois par les flux issus de la demande des acheteurs et complétée par ceux de l'offre des entreprises et de la finance, parfaitement dosés, peut seule permettre d'arriver au plein emploi à terme. La croissance, bien contrôlée[125] est la seule voie vers le progrès humain.

L'économie du progrès est la forme socialisée de l'évolutionnisme. C'est la raison pour laquelle nous ne pouvons pas expliquer pourquoi et à quel moment a lieu un changement fondamental d'un système quand il fonctionne de lui-même sans rencontrer d'obstacles. De même qu'on ne sait pas exactement quand, ni pourquoi, une nouvelle espèce animale est apparue. Cet effet de l'évolution sociale et économique est connu : le quantitatif, arrivé à un certain seuil, exerce une pression qui change le qualitatif. Cet effet apparaît à un certain niveau quantitatif quand on peut formaliser des objets en catégories différentes. Le changement qualitatif est une création qu'on qualifie souvent (à tort) de spontanée alors que c'est un simple effet de seuil qui dépend du temps.

Le qualitatif est de l'ordre de la perception humaine. Il éloigne d'autant les possibilités d'analyse à partir de statistiques. La qualité est un aspect de l'économie sociale qui échappe au chiffrage quantitatif. Combien exactement faut-il de grains de sable pour qu'on puisse dire que, tenus dans la main il s'agit d'une *poignée* de sable ? Combien de crins faut-il pour faire un balai ? C'est une appréciation qui reste approximative parce que subjectivée

---

[125] Selon son contenu qualitatif, en faveur de l'écologie par exemple. Rendu possible par des systèmes de taxation et de bonu-malus.

et liée à l'expérience, uniquement conçue pour l'usage. Nous ne pouvons pas réellement expliquer pourquoi et à quel moment a lieu un tel changement qualitatif à partir d'un résultat statistique quand les effets secondaires se cumulent depuis un certain temps. Tout se passe comme si la pression exercée sur une masse d'objets pouvait, arrivé à un certain seuil, changer une apparence. L'Economie vue de cette façon nous sépare des économistes orthodoxes, qui ne voient que la « vérité » des chiffres sous prétexte qu'un kilo de plumes équivaut à un kilo de plomb. Vrai dans le vide, mais faux dans notre réalité. Le réalisme vivant des keynésiens s'oppose à l'abstraction orthodoxe dogmatisée par les monétaristes anglo-saxons. La macroéconomie *normale* doit se dresser face à la microéconomie rudimentaire, élevée dogmatiquement au niveau macroéconomique du comptable qui ne jure que par le budget et son équilibre, comme l'a décrété Mme Tatcher[126].

Il est possible d'agir pour la croissance en contrôlant la circulation monétaire, en connaissance de cause, quitte à doser les investissements de ces masses monétaires pour que ces forces soient significatives, mais sans les excès qui risquent de rompre l'équilibre des pressions internes dans la « tuyauterie ». Il est toujours possible de compléter les manques de masse salariale par des efforts budgétaires. Donner la priorité aux dépenses a été également préconisé par Haavelmo[127]. Le dosage quantitatif doit tenir compte du moment le plus propice pour agir dans un système en évolution permanente. La

---

[126] Fille d'épicier, elle avait une vision de petit comptable, qu'elle a transposée au niveau national.
[127] Prix « Nobel 1989 »

priorité, s'agissant d'investissements, doit être faite en tenant compte de la réactivité, qui, évidemment, dépend de l'appréciation de la population et des autres acteurs économiques. Ainsi l'Etat dit « providence »[128] doit augmenter les allocations à la population, et surtout obliger les entreprises à augmenter les bas salaires (SMIC) quitte à compenser intégralement leurs nouvelles charges en puisant dans le budget général. L'offre équilibrée de prêts bancaires suivra automatiquement l'accélération de l'activité. La confiance retrouvée parmi la population, si la masse salariale augmente en permanence, fera le reste, c'est-à-dire entraînera la croissance et par suite, logiquement, l'emploi augmentera, qui à son tour augmentera les liquidités, donc les richesses, etc.

Le fonctionnement de l'Economie n'est pas que mécanique : appliquer une force humaine à un outil, dépend de la façon de le manier : la main de l'homme en économie est primordiale. Décisions parfois difficiles parce qu'on ne sait pas à l'avance ce qu'elles vont produire en réalité. Si, en définitive, elles seront conformes à ce qu'on espérait. Comment se comporteront les acheteurs ? Comment vont-ils apprécier la situation générale qui admet ou non leur confiance (figure 2 et 3) ? Comme nous l'avons pressenti plus haut en évoquant le changement qualitatif d'un système en évolution, on ne sait pas réellement quand une entreprise se modifie et, progressant, change « de nature » en changeant de taille. C'est la raison pour laquelle il faudra conclure cette étude sur la macro-

---

[128] Expression utilisée par la droite conservatrice pour dénigrer ce que le Conseil national de la Résistance (CNR) a instauré après la guerre, pour restaurer l'égalité et la fraternité républicaines.

économie, en montrant qu'elle fluctue selon des facteurs autant psychologiques que physiques. Prendre des décisions monétaires logiques et nécessaires, puisque que ce sont les seules forces qu'on peut diriger a priori[129], mais avec discernement. L'ultralibéralisme, n'est que la continuité du système libéral, amplifié et non contrôlé, arrivé à un seuil où il change de qualité : il n'avait pourtant rien de réellement nouveau depuis les années 1980 où la finance a réussi à persuader les gouvernements d'abandonner le keynésianisme comme volontarisme monétaire, au profit des banques et financiers prêteurs. Il y a des seuils à ne pas dépasser. La création de la masse monétaire a simplement été déviée au bénéfice des banques qui, de ce seul fait, ont pu prendre le pouvoir sur l'Etat.

L'homme a progressé dans les pays développés, rapidement depuis quelques siècles, ne serait-ce qu'en durée de vie. Grâce ou malgré l'argent ? Les effets pervers prédateurs qui accompagnent le progrès pourront-ils être contrôlés ? Ce double aspect, violence et progrès, est une réalité permanente du monétarisme, parfois dénoncée par certaines religions, catholiques, juives et musulmanes, mais, - est-ce un hasard ? - admise par les protestants puritains et pragmatiques anglo-saxons, qui justifierait leur rigueur morale. Seuls les chiffres représenteraient la réalité. Donc ils seraient la seule vérité de l'économie : l'intérêt, dans les deux sens du terme, mène le monde disent-ils. L'argent

---

[129] Une croissance harmonieuse suppose que les intervenants dosent les liquidités en quantité adéquates et à l'endroit et au moment propice de façon à éviter les chocs ou des excès de liquidités. Ce qui suppose évidemment des règlementations adaptées aux circonstances.

serait une manne[130] qu'il faut gérer de façon économique, dans l'austérité et avec force. Il est alors considéré comme un don de Dieu, qu'il faut préserver et gérer dans tous ses états. Il faudrait donc l'accepter, selon Sa volonté sans intervenir dans le cours de choses. La prédation, serait donc admise, sans se préoccuper de la violence que chaque espèce vivante génère pour sa survie en concurrence permanente avec les autres. Pureté Intransigeante des luthériens, contre la tolérance des Lumières (Voltaire) ?

La solution antilibérale marxiste avait pour objectif de supprimer les inégalités prédatrices ce que le système communiste de l'URSS a tenté d'appliquer en supprimant la propriété privée des moyens de production. Mais la monnaie a continué à circuler, certes lentement, mais elle a produit toujours son effet déviant, pour ceux qui étaient bien placés dans le circuit monétaire, et qui se sont accaparé les ressources. La production en a été freinée, d'autant plus qu'elle n'a pas été bien dirigée par manque de moyens d'information d'une direction économique centralisée incompétente. Prix et salaires étant décrétés, le manque d'attrait de la possession supprimait la création individuelle, habituellement dirigée par l'entreprise, avec l'émulation violente de la concurrence. En contrepartie, la corruption a gangréné le système qui, affaibli par le manque de puissance de rotation monétaire de la propriété privée, et sa mauvaise distribution dans un pays certes extrêmement vaste, ne pouvait que s'écrouler par son usure non compensée. L'inertie, la gabegie, devenait la règle.

---

[130] Sur les billets et pièces de un dollar il est écrit « In God we trust » Nous avons confiance en Dieu…comme dans ce billet.

Profitant de l'échec du communiste soviétique, les libéraux se sont empressés d'en déduire que seul leur système était valable. Mais cette fois c'est l'ultralibéralisme et son monétarisme excessif, qui, de crises en crises de plus en plus fortes, se dirige vers un échec jugé probable par beaucoup d'observateurs. Pour les monétariste de l'Ecole de Chicago, la crise est normale, elle se résorbera toute seule, il suffit d'attendre que l'équilibre se refasse, entre dépenses productives totales et pouvoir d'achat réel. Donc ne faisons rien. Tant pis pour ceux qui subissent les conséquences, considérées comme provisoires, de cet ajustement. Le passé montre en effet que les accidents dans le cours de l'histoire - famines, accidents naturels de l'évolution, révolutions et bien sûr guerres, ont fait régresser l'activité humaine, mais que celle-ci a repris par la suite en se reconstruisant sur de nouvelles base. Le dogmatisme des « Chicago boys »[131], qui s'appuie sur cet argument, ne tient pas compte des possibilités humaines de contrôle décrète de l'Etat qui, pourtant, ne doit pas intervenir pour préserver leurs privilèges. Ils laissent ce soin au système lui-même considérant qu'il existe un autocontrôle dû au facteur humain bâti sur le dogme de l'efficacité grâce à l'acteur « libre entreprise », attiré par l'appât du gain qui sait faire fonctionner la machine, et la faire redémarrer, guidé par le profit[132].

---

[131] L'Ecole de Chicago, où s'est élaborée la doctrine du « laisser faire » dont Milton Friedman a été l'initiateur.

[132] Ce dogmatisme a été formalisé sous le nom de « Consensus de Washington » appelant au tout privé et au non -interventionnisme de l'Etat. Mais ce principe vient d'être mis à mal depuis la crise des « subprimes » avec l'intervention massive des liquidités de la FED sous l'ordre de…Washington.

Pourtant le « laisser faire » dans la conduite d'un pays ne peut pas en être déduit. S'agissant d'un système, des ajustages dirigés peuvent éviter des crises et développer les pays harmonieusement. Un autre monétarisme est possible, si on contrôle les flux monétaires à bon escient. L'Amérique est avant tout une entreprise. Elle en accepte les avantages et les inconvénients. *« Or c'était le temps où les pays riches, hérissés d'industries, touffus de magasins avaient découvert une foi nouvelle, un projet digne des efforts supportés par l'homme depuis des millénaires : faire du monde une seule et immense entreprise »*[133]

L'argent doit être vu comme levier de croissance, en faisant abstraction de ses effets nocifs. Aussi bien dans le capitalisme producteur que dans le capitalisme financier, puisque ce dernier reste encore nécessaire dans le système libéral. En quoi la financiarisation excessive de l'Economie serait-elle nécessaire à l'évolution, au progrès humain, si elle détruit une partie de l'humanité et ses ressources, autant ou plus qu'elle construit ? La loi des systèmes, avantages contre inconvénients, est une loi expérimentale universelle. On a constaté qu'il n'est pas possible de modifier de l'intérieur un système en cours de fonctionnement. La trajectoire de ce qui a été conçu à l'origine du système n'est modifiable que confrontée à des forces extérieures. Rien n'est moins intelligent qu'un outil. Seuls comptent les intentions des programmes conçus par l'homme, qui, en en prévoyant l'usage, peut le modifier en

---

[133] René-Victor Pilhes – « L'imprécateur ». (Le seuil)

connaissance de cause : il suffit de changer les paramètres qui le font fonctionner.

L'argent depuis sa création a eu l'avantage de faire progresser matériellement l'humanité à une vitesse devenue exponentielle depuis l'industrialisation. Mais le capitalisme qu'il a généré a accru à la même vitesse les prédations pour une grande partie de cette humanité. Resterait la démonétisation des valeurs autres que celle des biens. Il suffirait que l'argent soit uniquement scriptural et géré par carte monétique, budgétée selon les salaires des travailleurs et autres revenus. Ils resteraient modulés selon les besoins et capacités de chaque individu estimés par l'Etat. L'expérience de la suppression des moyens privés de production étant insuffisante, comme on sait, on pourrait arrêter la circulation de l'argent estimation de valeurs, pour ne garder que celle décrétée, nécessaire pour acheter les produits, sans ses valeurs financières, ceci à seule fin de comptabiliser les quantités à produire, à partir de la demande primaire. Toute thésaurisation capitaliste deviendrait impossible si le solde des comptes était arrêté à chaque versement de salaire sans report (mensuel ?) possible. Cette technique est dite quelques fois « argent fondant »[134]. Cette politique économique, gérée par une centralisation d'ordinateurs puissants, serait en harmonie avec les besoins en cours, comptés à partir des achats. Toute propriété de biens matériels étant abolie, aucun prêt n'est possible ni nécessaire, seulement des locations. Tous

---

[134] La généralisation des téléphones qui lisent les achats, ou des cartes de paiement pour des sommes inférieures à 20 euros va dans ce sens. Ce système de paiement rendrait l'économie souterraine impossible (drogue, travail noir...)

les services seraient gratuits. Le circuit monétaire de l'argent sans plus-values ni impôts, et sans cumul, perdra ses effets nocifs d'indication de valeur des biens. L'économie serait plus pondérée plus humaine (pas de concurrence), sans la violence de la propriété transportée par l'argent. La production, fonctionnerait comme des coopératives. Bien entendu ce scénario, entièrement dirigiste, n'est envisageable qu'après que le plein emploi a été atteint de façon à tenir compte de la valeur travail des salariés producteurs, quitte à l'ajuster selon sa pénibilité. Seule la force du travail subsisterait pour faire fonctionner l'Economie. Sur la figure 3, ne subsisterait que le plateau supérieur : retour à la technique vertueuse proche du troc et à ses surplus du travail non financiers. Ce scénario, est-t-il utopique, ce qui ne veut pas dire irréaliste, ou simplement avant-gardiste ? Il serait utile en cas d'effondrement total du capitalisme.

La suppression du capitalisme supprimerait en même temps ces prédations au prix probable d'un certain ralentissement du progrès matériel[135]. Mais, sans en arriver à cette position ultime[136], il est possible de corriger les prédations actuelles. La puissance du capitalisme vient du gain de temps que l'argent permet d'obtenir. C'est un paramètre essentiel de la force du travail. Avec le contrôle de la monnaie financière, il est possible d'en contrôler les volumes et les destinations pour en maîtriser la vitesse sans

---

[135] L'émulation que donnent la cupidité et la concurrence entre les entreprises, ibre et non faussée, l'y incite. Ce sont les arguments majeurs du système l béral.

[136] La seule suppression des moyens de production privée a montré son insuffisance. Une monnaie « fondante » pourrait y parvenir.

se préoccuper de son cumul. Ce qui aurait l'avantage de maintenir la qualité du progrès matériel, devenu moins rapide certes, mais sans les inconvénients de la vitesse expansionniste des marchés. Il suffirait de réorienter les flux, à chaque passage dans 3 lieux de traitement[137], dans un sens plus équitable pour la population en préservant les ressources énergétiques, par un contrôle qualitatif devenu visible parce que détaché des flux financiers.

L'homme a donc normalement les moyens d'intervenir dans un système dont il a été l'auteur, pour contrôler et en réorienter les déviants prédateurs. Pour rectifier la tendance ultralibérale actuelle, faut-il continuer à laisser faire, laisser passer ? Ou agir sans attendre les jours incertains d'un grand bouleversement social ?

---

[137] Le crédit ayant disparu, la banque aurait comme seule activité la gestion monétaire de tous les comptes.